escola de tradutores

paulo rónai

escola de tradutores

9ª edição

Rio de Janeiro, 2021

© herdeiros Paulo Rónai

Reservam-se os direitos desta edição à
EDITORA JOSÉ OLYMPIO LTDA.
Rua Argentina, 171 – 3º andar – São Cristóvão
20921-380 – Rio de Janeiro, RJ
Tel.: (21) 2585-2060
Printed in Brazil / Impresso no Brasil

Seja um leitor preferencial Record.
Cadastre-se no site www.record.com.br
e receba informações sobre nossos
lançamentos e nossas promoções.

Atendimento direto ao leitor:
sac@record.com.br
Tel.: (21) 2585-2002

ISBN 978-85-03-01112-9

Capa: VICTOR BURTON
Foto: ARQUIVO DE FAMÍLIA

Texto revisado segundo o Novo Acordo Ortográfico da Língua Portuguesa.

CIP-BRASIL. CATALOGAÇÃO NA FONTE
SINDICATO NACIONAL DOS EDITORES DE LIVROS, RJ

	Rónai, Paulo, 1907-1992.
R675e	Escola de tradutores / Paulo Rónai. – 9ª ed. – Rio de Janeiro:
9ª ed.	José Olympio, 2021. .

ISBN 978-85-03-01112-9

1. Tradução e interpretação. I. Título.

CDD: 418.02
12-3501
CDU: 81'25

A Carlos Drummond de Andrade

Traduzir é conviver.

João Guimarães Rosa

SUMÁRIO

Advertência   11

1. Traduzir o intraduzível   13
2. Tradução literal e efeitos de estilo   21
3. Traduções indiretas   27
4. Escola de tradutores   33
5. *A arte de traduzir*   41
6. "As lindas infiéis"   51
7. O papel do tradutor   57
8. "Conveniência e inconveniências da tradução"   63
9. "A tradução no mundo moderno"   71
10. As ciladas da tradução técnica   77
11. Confidências de tradutores   89
12. Pascal para brasileiros   99
13. Laclos quatro vezes, para quê?   105
14. O tradutor traduzido   115
15. Um intérprete de Camões   123
16. Alexander ille Lenardus   129
17. A desforra do latim   141

18. Andanças e experiências de um tradutor técnico   147

19. A máquina de traduzir   153

20. Um pioneiro da tradução mecânica no Brasil   157

21. A tradução mais difícil   167

Apêndice: José, o poliglota   175

Índice de assuntos e de nomes citados   183

ADVERTÊNCIA

ESTE LIVRO NASCEU da reunião de alguns artigos sobre assuntos de tradução; daí o seu caráter algo fragmentário e alinhavado. Que, apesar disso, tenha quatro edições esgotadas deve explicar-se pela ausência de trabalhos em português sobre um assunto cuja relevância vem sendo reconhecida. Aos sete artigos da primeira edição (1952) foram acrescidos outros quatro na segunda (1956); depois da terceira (1967), simples reimpressão, a quarta (1976) apareceu aumentada de mais nove capítulos, perfazendo um total de vinte, além de um apêndice, dedicado ao exame de três versões do poema "José", de Carlos Drummond de Andrade, para o francês, o alemão e o inglês. O que há de novo na quinta edição (1987) é o capítulo 21.

Bem sei que um tratado metódico sobre a tradução seria mais útil, mas, para empreendê-lo, seria preciso que eu pudesse dedicar-me exclusivamente à matéria. Ora, os artigos aqui reunidos foram compostos nos intervalos de aulas sobre outros assuntos e no meio de trabalhos escritos os mais diversos — numa palavra, em circunstâncias pouco favoráveis à unidade de composição. Mas, como vários leitores, ainda assim, me têm generosamente assegurado que o livrinho, tal qual, lhes prestou algum serviço, aqui vai ele conservando suas características primitivas e esperando compensar a falta de sistematização com a amenidade do tom. Em todo caso, para torná-lo mais prático, juntei-lhe um índice analítico.

Esta reedição de *Escola de tradutores* sai depois da de outro livro meu, *A tradução vivida,* lançado pela mesma editora. Os dois trabalhos são complementares; as remissões àquele, em notas de pé de página do presente volume, ajudarão a relacioná-los.

Sítio Pois É, julho de 1986.

Paulo Rónai

1. TRADUZIR O INTRADUZÍVEL

JULGAVA-SE OUTRORA, sem maior exame, que todos os textos de literatura eram traduzíveis e que o sucesso da operação dependia exclusivamente da habilidade de quem a executava. Modernamente chegou-se à conclusão oposta, a de que todo texto literário é fundamentalmente intraduzível por causa da própria natureza da linguagem. Os partidários dessa teoria têm apontado com razão que as palavras isoladas não têm sentido em si mesmas: a sua significação é determinada, de cada vez, pelo respectivo contexto. Por contexto, entende-se a frase ou o trecho em que a palavra se encontra de momento, tornados entendíveis por um conjunto de centenas de outras frases lidas ou ouvidas anteriormente pelo ouvinte ou leitor, e que subsistem no fundo de sua consciência.

Traduzidas as palavras, ou mesmo as frases, de determinado idioma para outro, elas ficam arrancadas ao contexto múltiplo da língua-fonte e recolocadas no contexto completamente diverso da língua-alvo. E como num texto literário não é apenas a ideia que escolhe as palavras, mas são muitas vezes as palavras que fazem brotar ideias, toda obra literária transportada para outra língua constituiria caso de traição.

Ou então, como afirma Georges Mounin,

> se aceitarmos as teses correntes sobre a estrutura dos léxicos, das morfologias e das sintaxes, chegaremos à conclusão de que a tradução deveria ser impossível. Mas os tradutores existem e produzem e suas produções prestam serviços úteis. Poder-se-ia dizer que a existência da tradução constitui o escândalo da Linguística contemporânea. Até agora o exame desse escândalo tem sido mais ou menos recusado.[1]

Esse exame o próprio Mounin empreendeu-o admiravelmente em sua obra nunca assaz lembrada, colocando a questão da tradução como um aspecto da comunicação e resolvendo a antinomia em termos filosóficos.

Alertado para a existência do problema, anos antes da publicação da notável tese de Mounin, sem me propor a tarefa árdua de resolvê-lo, admiti dialeticamente, no introito da primeira edição deste livrinho,[2] a impossibilidade da tradução literária, para dali inferir que ela era uma arte. O objetivo de toda arte não é algo impossível? O poeta exprime (ou quer exprimir) o inexprimível, o pintor reproduz o irreproduzível, o estatuário fixa o infixável. Não é surpreendente, pois, que o tradutor se empenhe em traduzir o intraduzível.

---

[1]Georges Mounin. *Les Problèmes Théoriques de la Traduction*. Prefácio de Dominique Aury. Paris, Bibliothèque des Idées. NRF. Gallimard, 1963, p. 8 (ed. bras.: *Os problemas teóricos da tradução*. São Paulo, Cultrix, 1975).
[2]Paulo Rónai. *Escola de tradutores*. Rio de Janeiro, Os Cadernos de Cultura, Serviço de Documentação do Ministério da Educação e Saúde, 1952, p. 3.

A ideia da impossibilidade da tradução não é, aliás, tão moderna como parece. Herder — ele mesmo um grande tradutor — já assinalava que "ninguém pensa além do idioma",[3] isto é, que o próprio pensamento é condicionado pelo idioma em que é concebido. Em outras palavras: há certas ideias que só podem nascer na consciência de pessoas que falam determinada língua, ou mesmo que nascem unicamente por certa pessoa falar determinada língua.

Assim, por exemplo, a própria opinião de que o tradutor trai necessariamente a ideia do autor talvez seja devida, antes de tudo, à possibilidade, no italiano, do trocadilho *traduttori traditori*; em qualquer outra língua, em que as duas palavras não têm forma semelhante, a ideia nasceria mais dificilmente e não teria a mesma oportunidade de generalização. "Se fôssemos traduzir em inglês a fórmula tradicional *traduttore, traditore* por *the translator is a betrayer*, retiraríamos ao epigrama rimado todo o seu valor paronomástico", diz Roman Jakobson.[4]

Da mesma forma, se o nome alemão do travessão não fosse *Gedankenstrich*, provavelmente Schopenhauer, aborrecido com o abuso que certos escritores faziam desse sinal, não teria observado que o número de travessões estava na razão inversa do de pensamentos. (*"Je mehr Gedankenstriche in einem Buche, desto weniger Gedanken."*)

A simples existência da palavra *Weltanschauung,* de tão difícil tradução nos idiomas românicos, impõe muitas

---

[3]Herder. *Spiegel der Humanität*. Ed. Benno Schwabe & Co. Basileia, Klosterberg, 1943, p. 54.
[4]*In On Translation*, de Ruben A. Brower *et al*. Nova York, Oxford University Press, 1966.

vezes um rumo ao pensamento alemão. Dificilmente um crítico alemão, ao consagrar uma monografia a um escritor, deixará de incluir um capítulo sobre "A *Weltanschauung* de Fulano". Os alemães, sugestionados pela palavra, admitem que qualquer um possui uma *Weltanschauung*, ao passo que um latino só reconhecerá uma "maneira especial de encarar o mundo" a um pensador original.

Outro exemplo típico de intraduzibilidade, escolhido entre centenas: o título de um livro de versos de René Laporte, *L'An Quarante,* publicado durante a guerra. Ele não alude apenas à data da *débâcle* francesa, mas também a um modismo popular: *je m'en moque comme de l'an quarante.* Sem a existência dessa locução, ao autor provavelmente nunca teria ocorrido o título, cujo sentido, admiravelmente complexo, é restrito ao idioma em que foi pensado.

Há uma ligação intrínseca entre o pensamento e o seu meio de expressão; sua inseparabilidade, embora nem sempre tão clara como nesses casos extremos, verifica-se a cada passo. O tradutor, ao procurar separá-los, atenta constantemente contra essa lei psicológica da linguagem.

Em teoria, os maiores obstáculos da tradução seriam formados por holófrases, conceitos que só têm designação dentro de um único idioma. "Saudade", por exemplo, é privilégio do português; o francês *toilette* não tem equivalente perfeito em nenhuma língua, como o alemão *Hinterland,* como o inglês *shopping,* como o italiano *Commedia dell'arte,* e assim por diante.[5]

---

[5] Ver uma relação de holófrases de diversas línguas em Paulo Rónai. *A tradução vivida*, Rio de Janeiro, José Olympio, 4ª ed., 2012, p. 54-58.

Na realidade, o tradutor aí nem tenta a tradução; sabendo de antemão que não existe equivalente perfeito, resigna-se a manter o termo primitivo, valendo-se das muletas do grifo, das aspas ou das notas de pé de página. Quer dizer que (pelo menos na tradução em prosa, e é desta que falamos, pois a outra constitui arte totalmente diversa, ainda menos codificável) não são as palavras "intraduzíveis" que atrapalham mais o tradutor. Para ele as dificuldades começam com as palavras "traduzíveis", pois as mais simples entre elas escondem armadilhas.

Assim, como todos sabem, *monsieur* é equivalente, em português, de "senhor". Se, porém, o tradutor francês de um romance brasileiro traduzisse a pergunta "Como vai o senhor?" por *Comment va Monsieur?*, falsearia o tom da conversa, pois em português essa interrogação se usa entre pessoas socialmente iguais, ao passo que em francês se faz de criado para amo. Por outro lado, falando ao telefone, uma personagem francesa se anunciaria assim com a maior naturalidade: *C'est Monsieur Un Tel qui parle*; mas a tradução brasileira — "É o sr. Fulano que fala" — transformá-la-ia num indivíduo pretensioso ou cômico.

Para casos assim o dicionário nunca fornece solução. Os dicionários bilíngues, inclusive os melhores, ajudam a compreensão, mas são bem pobres em sugestões para o tradutor.

Eles contêm, pelo menos, os modismos e seus correspondentes. Essa equivalência, porém, é condicional e deve ser aproveitada sempre com desconfiança. Numa obra preciosa de J. G. Weightman[6] encontramos provas bem claras dessa afirmação. Assim, as expressões *filer à l'anglaise* e *to take French leave* indicam exatamente a mesma ação e constituem, dentro das respectivas línguas, "fragmentos cristalizados de preconceitos" semelhantes. É evidente, no entanto, que, encontrando num romance francês com personagens francesas o modismo *filer à l'anglaise*, um bom tradutor britânico não poderá traduzi-lo pelo equivalente inglês, por mais perfeito que ele seja. Essa observação aplica-se aos equivalentes de todos os modismos: eles só equivalem em determinadas circunstâncias. O meu *Dicionário Francês-Português* traduz *Ce n'est pas la mer à boire* por "Não é nenhum bicho de sete cabeças". Pode ser uma tradução boa, engenhosa até, mas posso imaginar uma porção de contextos em que seria desaconselhável utilizá-la; por exemplo, se for dito por um marinheiro, a quem a imagem caracteriza, ou usado numa ocasião onde se trata realmente de beber etc. Da mesma forma, *Qui se fait brebis le loup le mange* pode bem significar "Quem se faz de mel as moscas o comem", mas nem sempre admitirá essa tradução.

Noutra advertência importante, Weightman põe o tradutor de sobreaviso contra a possível confusão entre modismo e imagem individual.[7] Com efeito, quando se trata de imagem inventada pelo autor, o intérprete terá de conservá-la; quando, pelo contrário, a imagem é cristalizada e já pertence ao patrimônio da língua, ele terá de substituí-la por outro modismo do idioma para o qual traduz ou expressar-lhe o sentido sem recorrer a imagens.

---

[6]J. G. Weightman. *On Language and Writing*. Londres, Sylvan Press, 1947, p. 10.
[7]Ibid., p. 47.

Procurarei ilustrar esse conselho com dois exemplos escolhidos por mim. Um conto de Alphonse Daudet, "Le Curé de Cucugnan", começa por esta frase: "*Tous les ans, à la Chandeleur, les poètes provençaux publient en Avignon un joyeux petit livre rempli jusqu'aux bords de beaux vers et jolis contes.*" É evidente que a expressão *rempli jusqu'aux bords* é uma imagem ocorrida ao autor, porque o alegre livrinho dos poetas da Provença se assemelha a uma cesta ou uma tina transbordante de uvas ou azeitonas depois da colheita. Sob pena de flagrante infidelidade, o tradutor terá de conservar a comparação, tão característica do estilo de Daudet e tão sugestiva.

Já uma expressão como *marchande des quatre saisons*, apesar de seu ar espontâneo e poético, faz parte das *stock phrases* da língua francesa, e o tradutor brasileiro há de vertê-la por "verdureira". "Vendedora das quatro estações" seria mais bonito, mas totalmente injustificável e descabido.

Tudo isso mostra, apenas, que as dificuldades do tradutor não podem ser circunscritas e também que não há problema de tradução definitivamente resolvido. Cada palavra se apresenta, de cada vez, num contexto diferente, que a embebe de sua atmosfera e lhe altera o sentido, às vezes quase imperceptívelmente.

"Assim, nosso ofício de tradutores é um comércio íntimo e constante com a vida", como diz Valery Larbaud;[8] não é, de forma alguma, um jogo de paciência com palavras mortas e fichadas para sempre.

---

[8]Valery Larbaud. *Sous L'Invocation de Saint Jérômed.* Paris, Gallimard, 1946, p. 85.

2. TRADUÇÃO LITERAL E EFEITOS DE ESTILO

PENSA-SE GERALMENTE que a tradução fiel é a tradução literal, e que, portanto, qualquer tradução que não seja literal é livre. A maioria dos candidatos a tradutor, ao serem convidados por uma editora, pergunta invariavelmente se a casa deseja traduções fiéis ou livres, literais ou literárias.

Essa pergunta é feita na tácita suposição de que o requisito de fidelidade concerne apenas a um dos dois idiomas, aquele do qual se traduz. O tradutor, no entanto, é obrigado a fidelidade igual, senão maior, para com o outro idioma, para o qual traduz. Uma versão literal, isto é, fiel a apenas uma das duas línguas, é impossível.

Tome-se o caso de um romance de amor inglês e americano, de assunto parecido com o de todos os romances de amor: Ele aparece, apaixona-se por Ela; Ela a princípio resiste, mas acaba por se entregar a Ele. No texto original, a heroína forçosamente trata o herói, do começo ao fim, por *you*. Querendo traduzir fielmente, verteremos o tratamento em todo o romance por "você"? Ou preferiremos ora "o senhor" (no começo, quando os protagonistas mal se conhecem), ora "você", ou "tu" (quando o seu conhecimento se transforma em amizade, e em amor)? Parece-me que a segunda solução, embora menos "fiel", é bem mais natural.

Só se poderia falar em tradução literal se houvesse línguas bastante semelhantes para permitirem ao tradutor limitar-se a uma simples transposição de palavras ou expressões de uma para outra. Mas línguas assim não há, nem mesmo entre os idiomas cognatos. As inúmeras divergências estruturais existentes entre a língua do original e a tradução obrigam o tradutor a escolher, de cada vez, entre duas ou mais soluções, e em sua escolha ele é inspirado constantemente pelo espírito da língua para a qual traduz. Quando, por exemplo, o original é escrito numa língua desprovida de artigo — como o latim —, o tradutor brasileiro, ao verter cada substantivo, opta, consciente ou inconscientemente, por uma das três soluções seguintes: colocar o artigo definido; colocar o artigo indefinido; não usar artigo nenhum. Cada um desses casos (e são milhares num só livro) é resolvido segundo as leis orgânicas do português; o original não fornece indicação alguma.[9] Se existisse tradução literal, isto é, fidelidade unilateral, o problema nem surgiria e deixaríamos de pôr o artigo ao longo de toda a obra.

Por sua vez, Fraser Tytler assinala um erro frequente dos tradutores ingleses que, vertendo do grego ou do francês, mantêm o presente lá onde esse tempo se refere a uma ação passada e vem intercalar-se entre uma série de pretéritos, recurso comum àqueles dois idiomas para avivar a narração, mas oposto à tradição da prosa inglesa.[10]

---

[9]Ver exemplos de soluções diversas em *A tradução vivida*, p. 94-95.
[10]Fraser Tytler. *On the Principles of Translation*. Dent, Londres, Everyman's Library, nº 168, s.d.

A tradução do português para outras línguas confirma a tese. Sabemos como os nossos escritores e os portugueses tiram variados efeitos da colocação do adjetivo qualificativo. Antes do substantivo, ele assume muitas vezes sentido figurado, exprime qualidade casual ou confere um matiz poético (assim em *um grande romance, verdes anos* etc.); depois do substantivo, geralmente guarda o sentido próprio, exprimindo qualidade permanente e que muitas vezes entra a fazer parte da ideia do mesmo (*casa grande, vinho verde* etc.). Outras línguas neolatinas se prestam aos mesmos efeitos. Já no inglês e no alemão, o qualificativo tem lugar fixo, e assim o tradutor, ao verter um texto português para uma dessas línguas, deveria antecipadamente renunciar a exprimir as nuanças de ênfase, de ironia, de humor devidas, no original, à anteposição insólita do adjetivo. Ou melhor, ele se resignará a abandoná-las se for obsedado pelo ideal absurdo da tradução literal; mas se, esclarecido, visar a fidelidade bilateral, esforçar-se-á por obter efeitos semelhantes por meios bem diversos (como sejam: colocar o adjetivo fixo entre aspas; usar adjetivo mais forte para substituir o epíteto anteposto; criar palavras compostas do adjetivo e do substantivo; transferir para o verbo a nuança contida no adjetivo etc.).

Daí decorre outra necessidade, muitas vezes subestimada. Ao tradutor — o qual, como acabamos de ver, deve estar profundamente integrado no espírito da língua para a qual traduz — não lhe basta um conhecimento aproximativo da língua do autor que está vertendo. Por melhor que maneje o seu próprio instrumento, não pode deixar de conhecer a fundo o instrumento do autor.

Ele deverá saber que dois idiomas recorrem muitas vezes a expedientes totalmente diversos para produzir impressão semelhante. Um autor francês, brasileiro ou italiano, que deseje obter um efeito arcaico, há de buscá-lo sobretudo na escolha do vocabulário, servindo-se de palavras caídas em desuso, do antigo fundo latino; um autor húngaro, nas mesmas condições, há de recorrer de preferência a expedientes de morfologia, usando, por exemplo, os tempos compostos, desaparecidos da língua moderna, ou de sintaxe, empregando o plural depois dos adjetivos numerais (o uso atual admite exclusivamente o singular). O tradutor deve conhecer todas as minúcias semelhantes da língua de seu original a fim de captar, além do conteúdo estritamente lógico, o tom exato, os efeitos indiretos, as intenções ocultas do autor.

Assim a fidelidade alcança-se muito menos pela tradução literal do que por uma substituição contínua. A arte do tradutor consiste justamente em saber quando pode verter e quando deve procurar equivalências.

Mas como não há equivalências absolutas, uma palavra, expressão ou frase do original podem ser frequentemente transportadas de duas maneiras, ou mais, sem que se possa dizer qual das duas é a melhor. Daí não existir uma única tradução ideal de determinado texto. Haverá muitas traduções boas, mas não *a* tradução boa de um original.

Uma única vez na história se conseguiu obter a melhor tradução possível de um texto. Foi quando Ptolomeu Filadelfo, rei do Egito, mandou buscar em Jerusalém o *Antigo Testamento* para enriquecer a Biblioteca de Alexandria. O grão-sacerdote Eleazar encarregou três mensageiros de levarem ao rei um exemplar do Livro da Lei, escrito em caracteres de ouro, e mandou com ele 72 rabinos a fim de traduzirem o texto sagrado para o grego. Levados para a ilha de Faros, os intérpretes, confinados em celas separadas, fizeram cada um a sua tradução. Ao compará-las, o rei notou que eram iguais até nos sinais de pontuação. Foi por meio dessa versão, a *Septuaginta*, que o judaísmo introduziu no mundo pagão a sua fé monoteísta.

Seria um esplêndido exemplo da "melhor tradução possível", realizada ao mesmo tempo por todo um exército de tradutores. Infelizmente, bem cedo foi posta em dúvida a autenticidade da anedota, e o próprio tradutor da *Vulgata*, São Jerônimo, apontando erros de interpretação no trabalho, protestou contra a tentativa de se impor caráter sagrado a uma obra imperfeita, atribuindo-a a intervenção sobrenatural. Note-se de passagem que, mesmo na lenda, os referidos tradutores são hebreus e traduzem para uma língua que não é a sua; nem mesmo os inventores da história milagrosa se atreveram a fazê-los gregos, pois isso haveria tirado ao episódio toda a credibilidade. Afinal de contas, várias pessoas poderiam aprender de maneira igual uma língua estrangeira; mas a língua materna é diferente para cada um por ser a língua que se vive.

Desde então, em matéria de traduzir, contentamo-nos com aproximações. Procuramos, por um esforço da imaginação, meter-nos na pele do autor e dizer o que ele diria se falasse a nossa língua. Para ser fiel, o tradutor, além do indispensável conhecimento dos dois idiomas, precisa sobretudo de imaginação.

3. TRADUÇÕES INDIRETAS

São muito frequentes entre nós as traduções indiretas, quer dizer, feitas por intermédio de uma terceira língua. Deve-se este fenômeno à quase inexistência de uma classe de tradutores. As obras-primas da literatura mundial são vertidas, geralmente, não por tradutores profissionais e sim por escritores de renome, os quais, se muitas vezes possuem amplos conhecimentos de francês, inglês e espanhol, não têm o tempo e o interesse necessários para se dedicarem ao estudo de outros idiomas de grande expressão cultural, como o russo, o alemão, as línguas escandinavas etc. Eis por que os livros de Tolstoi, de Goethe, de Ibsen etc. nos chegam, em regra geral, através da tradução de traduções.

Disse-me um editor amigo que preferia confiar a tradução de Dostoievski a um escritor de primeira ordem, mesmo que este traduzisse do espanhol e do francês, a entregá-la a um estudioso de russo ou a um russo radicado no Brasil que escrevesse um português arrevesado. Não tendo outra escolha, está ele com a razão.

(Entre esses dois extremos haveria uma solução conciliatória: mandar executar a tarefa por dois colaboradores, um dos quais pertencesse à categoria dos bons escritores, outro à dos bons conhecedores do idioma estrangeiro. Mas uma colaboração dessas nunca pode ser imposta pelo próprio editor: deve nascer de uma decisão espontânea de dois literatos cujas habilidades e conhecimentos se completam. Quer isto dizer que se trata de uma solução excepcional, que não poderá generalizar-se.)

Se examinarmos a indústria do livro do estrangeiro, verificaremos, no entanto, que o sistema de traduções indiretas está sendo inteiramente eliminado não somente na França, na Inglaterra, na Itália, nos países de língua alemã, senão ainda em áreas linguísticas bem menores, a Hungria por exemplo. Assim, na França há excelentes tradutores que restringem sua atividade a um determinado idioma — Vladimir Posner ao russo, Frank L. Schoell ao polonês, Maurice-Edgar Coindreau ao inglês americano, Jean-Louis Perret ao finês — ou mesmo, às vezes, a um único escritor: Louis Fabulet traduz exclusivamente Rudyard Kipling, Marc Logé se dedica a verter Lafcadio Hearn etc. É claro que, à força de prática, eles chegam a ser verdadeiros peritos no assunto, acabando por conhecer todas as sutilezas do estilo de seus autores e as suas equivalências em francês. Quanto à qualidade do seu estilo, as altas exigências do leitor francês moderno constituem fiscalização suficiente.

Enquanto no Brasil, por falta de especialistas qualificados, persistir o sistema da "retradução", seus inconvenientes poderiam pelo menos ser diminuídos. Muito depende da escolha da tradução intermediária.

Para verter um livro sueco, norueguês, dinamarquês ou holandês, o editor que não tem tradutor para tais línguas deverá de preferência dirigir-se a quem traduz do alemão ou, pelo menos, do inglês. Para abrasileirar um autor italiano, recorrerá melhor a uma versão espanhola. Atualmente nossos retradutores utilizam-se quase sempre do francês como língua intermediária.[11]Pois ele não é, certamente, o idioma mais apropriado para traduções.[12] O fato de ter chegado a uma fase de cristalização completa, com o vocabulário fixo e inteiramente definido, impede-o de se adaptar às sinuosidades do pensamento concebido em qualquer outra língua. O francês não admite neologismos, foge a construções sem tradição na sua própria literatura. Há, decerto, inovadores ousados, como um Ramuz ou um Giono, mas suas ousadias são consideradas atos de insubmissão, de rebeldia; ora, o tradutor em geral tem medo de revolucionar a língua para a qual traduz, atém-se mais do que um autor original às fórmulas e até aos clichês existentes, deixando o trabalho do desbravamento aos grandes escritores do idioma. Em outras línguas que não o francês, o caso é diferente: sendo elas de estrutura e vocabulário menos ossificados, admitem as novas formações como atos naturais ao alcance de qualquer pessoa; o tradutor que as maneja tem maior escala de possibilidades.

Um bom tradutor francês, graças à faculdade de análise desenvolvida com tamanho cuidado pelo ensino de seu país (em particular pelo excelente método das "explicações de texto"), reproduzirá fielmente a mensagem lógica de um texto

---

[11]Ver opiniões a esse respeito em *A tradução vivida*, p. 112-113.
[12]Desde a primeira edição deste livro, a situação está mudando: há cada vez mais exemplos de traduções em inglês que servem de texto intermediário.

estrangeiro até seus pormenores mais sutis, mas a resistência de seu instrumento impedi-lo-á, forçosamente, de transportar grande parte dos valores formais, extralógicos desse texto.

Nenhum cuidado poderá ser excessivo para se verificar o valor da tradução intermediária. Até fins do século XIX, sobretudo na França, as traduções não só eram demasiadamente livres, mas também realizadas, mais de uma vez, de maneira arbitrária. Muitos tradutores, alegando exigências do gosto francês, operavam modificações substanciais, principalmente grandes cortes. O Visconde de Vogüé, em seu famoso *Le Roman Russe*, alude severamente às versões dos clássicos russos em seu país. Tive ocasião de comprovar quanto as suas críticas são procedentes. Ao procurar resolver dúvida surgida no curso de tentativas de tradução de Gogol e Turgueniev, vi que os tradutores franceses suprimiam sistematicamente todos os trechos em que havia dificuldades não resolvidas pelo dicionário; fenômeno tanto mais curioso quanto a versão de Turgueniev fora feita durante a permanência do autor na França e autorizada por ele, de modo que seu intérprete e amigo Xavier Marmier podia facilmente consultá-lo. Mas naquela época não se pedia ao tradutor senão uma adaptação.

Aurélio Buarque de Holanda Ferreira e eu, ao lidarmos com uma das *Novelas exemplares* de Cervantes, destinada a figurar em nossa antologia do conto universal *Mar de histórias*, recorremos a uma tradução francesa, também do século XIX, para ver como o tradutor se saía de uma bela e complicada blasfêmia castelhana de algumas linhas. Pois observamos com surpresa que, envergonhado, ele se restringira a estas poucas palavras: "Aí Cortadillo soltou uma praga muito feia."

Já nos últimos decênios, na França também, observa-se cada vez mais rigor nas traduções. Assim, quem traduzir algum grande autor anterior ao nosso século deverá, a princípio, escolher uma tradução nova, de preferência às do tempo do original.

Os piores casos são aqueles em que o responsável pela tradução intermediária deforma o original não por motivos "estéticos", mas por motivos partidários. Ao traduzir um antigo conto italiano, ocorreu-me examinar a tradução brasileira já existente. Estavam nela omitidos todos os trechos em que o autor, como quase todos os escritores da Renascença, fustiga os costumes dos clérigos da época. O tradutor, entretanto, era um intelectual totalmente isento de sectarismo; apenas, em vez de verter do italiano, recorreu a uma versão espanhola, a qual já fora expurgada por alguma inquisição.

Incidentes desse gênero constituem o maior inconveniente da tradução indireta. Os editores e tradutores que, à falta de solução melhor, recorrem a essa, deveriam talvez indicar no frontispício da tradução o texto intermediário, a título de ressalva pelo menos parcial.

A solução ideal, evidentemente, consistiria em formar especialistas competentes para cada língua. Mas este problema já está ligado à profissionalização do ofício de tradutor.

4. ESCOLA DE TRADUTORES

DIZIA UM AMIGO MEU, meio pilhérico, meio sério, que os Tradutores eram a causa de grande parte dos males da humanidade, e provava-o com uma série de casos, desde o da Torre de Babel até o do Tratado de Versalhes, que os tradutores alemães teimavam em verter por *Papierfetzen* ("farrapo de papel").

Embora qualificando-a de anedota, Peter Farb relata um caso em que um erro de tradução teria tido consequências fatais:

> No fim de julho, a Alemanha e a Itália renderam-se e os Aliados dirigiram um ultimato ao Japão para que ele se rendesse também. O primeiro-ministro do Japão convocou uma conferência de imprensa na qual declarou que o seu país iria *mokusatsu* o ultimato Aliado. A escolha desse verbo fora de extrema infelicidade. O *Premier* aparentemente pretendia dizer com aquilo que o gabinete levaria o ultimato em consideração. Mas a palavra tinha também outro sentido, o de "não tomar conhecimento", e foi este que os tradutores de inglês da Domei, a Agência Radiofônica japonesa, empregaram. O mundo ficou ciente de

que o Japão rejeitara o ultimato — em vez de levá-lo em consideração. Essa interpretação errada da Domei levou os Estados Unidos a mandar seus B-29, carregados de bombas atômicas, sobre Hiroxima e Nagasáqui. Evidentemente, se *mokusatsu* tivesse sido traduzido corretamente, não teria havido necessidade de lançar a bomba atômica.[13]

Ainda que o caso possa não ser *vero*, apenas *ben trovato*, temos de convir em que as responsabilidades dos tradutores são consideráveis. É fácil calcular as consequências possíveis de um erro na versão de um manual de arquitetura ou de um tratado diplomático. Menos evidentes, mas muito mais frequentes, são os estragos dos maus tradutores na língua, patrimônio comum de todos que a falam.

Só uma pequena fração de leitores é capaz de ler no original as grandes obras universais; os demais, forçosamente, devem lê-las em tradução. Uma estatística das leituras do leitor médio acusaria sem dúvida 50 por cento ou mais de livros traduzidos, que não deixam de influenciar-lhe a capacidade de expressão e a correção de estilo tanto quanto as obras dos autores originais.

Entretanto, os artigos e as notas que continuamente se publicam na imprensa a respeito de questões de linguagem e estilo quase nunca focalizam traduções. Os críticos literários, ao analisarem alguma obra traduzida, reservam geralmente uma frase ou apenas um epíteto à tradução "digna do original", e seu julgamento quase sempre resulta de uma simples impressão e não de um cotejo com este último.

---

[13]Peter Farb. *Word Play. What Happens When People Talk*. Londres, Jonathan Cape, 1973, p. 198.

Não se lhes devem pedir, é claro, trabalhos de filólogo. Uma crítica permanente das traduções deveria ficar a cargo de críticos especializados, como o era, por exemplo, o autor da excelente seção "Exame de Traduções" que o saudoso Agenor Soares de Moura manteve durante algum tempo no *Diário de Notícias* do Rio de Janeiro.

O objetivo de uma seção consagrada às traduções não se restringiria a apontar erros. Ela poderia, a propósito de casos concretos, discutir os problemas teóricos da tradução. Além disso, no caso da existência de duas traduções da mesma obra, poderia estender-se ao exame de como a personalidade dos tradutores vem a colorir de matizes pessoais o trabalho de cada um.

O melhoramento da qualidade das traduções não é problema local. Verifico, entre outros, em dois trabalhos ingleses, considerações sobre o assunto, provocadas pela decadência do ofício.[14]

E. Allison Peers não se contenta com diagnosticar; ao mesmo tempo sugere uma terapêutica, que seria a profissionalização do ofício, com a instituição de um currículo e a subsequente entrega de um diploma de tradutor. Uma vez adotado o princípio, as grandes casas editoras só confiariam trabalhos de vulto a tradutores diplomados.

Não me parece que a ideia seja de fácil realização, sobretudo na parte referente à exigibilidade de diplomas. Já um curso para proveito daqueles que a ele quisessem assistir

---

[14]J. G. Weightman, *op. cit.*, p. 96; E. Allison Peers. "Problems of Translation", em *Britain To-Day.* Números de agosto e setembro, 1974.

poderia trazer benefícios.[15] Mesmo, porém, que não encontrasse um curso desses a seu alcance, o tradutor desejoso de se aperfeiçoar teria sempre a possibilidade de organizá-lo em casa, para si mesmo, com um programa racional de leituras, estudos e exercícios.

Entre as leituras de cabeceira do tradutor, eu incluiria algumas obras de linguística geral acessíveis a qualquer pessoa, como *Le Langage*, de Vendryes, *The Loom of Language*,[16] de Bodmer, ou o volume útil de Joaquim Matoso Câmara Jr., *Princípios de linguística geral*. Ao lado dessas, haveria alguns livros sobre o idioma em que se pretende especializar, menos obras propriamente científicas do que conversações sobre a língua, como *Le Français Langue Morte*, de André Thérive, *L'Idioma Gentile*, de De Amicis, ou *The American Language*, de H. L. Mencken. E, naturalmente, livros sobre a língua para a qual se faz a tradução, o português do Brasil, como os há vários de grande valor, de João Ribeiro[17] a Gladstone Chaves de Mello,[18] Othon Moacyr Garcia,[19] Matoso Câmara[20] e Antenor Nascentes.[21]

---

[15]Desde a primeira edição deste livro, surgiram no Brasil a Etimig (Escola de Tradutores e Intérpretes), em Belo Horizonte, diversos cursos de tradução de nível universitário (na Faculdade Ibero-Americana de Letras e Ciências Humanas de São Paulo; na PUC do Rio de Janeiro e na de Porto Alegre; na Universidade de Brasília etc.), sem falar nos cursos profissionalizantes de tradutor e intérprete criados no ensino de 2º grau.

[16]Cuja tradução brasileira foi publicada em 1960 pela Editora Globo sob o título *O homem e as línguas. Guia para o estudioso de idiomas*.

[17]*Frases feitas; Curiosidades verbais*.

[18]*A língua do Brasil*.

[19]*Comunicação em prosa moderna*.

[20]*Manual de expressão oral e escrita*.

[21]*Tesouro da fraseologia brasileira*.

Na estante, ele teria suas obras de consulta permanente: gramáticas e dicionários. Entre as últimas, o lugar de honra não caberia aos bilíngues, mas sim aos unilíngues, esses a que Larbaud chama livros consulares, como o *Webster*, o *Larousse*, o *Robert*, o *Zingarelli*, e, acrescente-se com justificado orgulho, o *Novo dicionário da língua portuguesa,* de Aurélio Buarque de Holanda Ferreira.

Além das leituras permanentes, teria o tradutor outras, ocasionais, determinadas pela natureza de seu trabalho do momento. Procuraria conhecer outras obras do seu autor, pois sempre os diversos livros de um escritor se esclarecem mutuamente. Esforçar-se-ia por encontrar algum estudo sobre ele e conhecer-lhe quanto possível a biografia, a personalidade humana, as ideias gerais e o que os historiadores da literatura e os críticos revelaram sobre as suas intenções, a sua técnica, a sua "fortuna literária". Quando o caso o exigisse, buscaria alguma documentação acerca do assunto, das personagens, quando reais, da época e do ambiente do livro.

De mais a mais, convém dizê-lo, o bom tradutor será um homem lido e culto, com sólida cultura geral, para não lhe acontecerem gafes, como as de traduzir *le théâtre de Bataille* por "teatro de combate", *il Cinquecento* por "o ano 500", e assim por diante.

Os livros que seriam mais úteis para o tradutor: obras técnicas sobre a tradução, com conselhos práticos, exemplos de soluções etc. não são muito numerosos mesmo em línguas estrangeiras.[22] Contam-se pelos dedos livros como

---

[22]Citarei duas das mais importantes, munidas de ampla bibliografia: *Scientific and Technical Translating and Other Aspect of the Language Problem.* Paris, Unesco, 1957, e Ruben A. Brower *et al. On Translation.* Nova York, Oxford University Press, 1966.

Sous L'Invocation de Saint Jérôme, de Valery Larbaud, ou o já clássico *Essay on the Principies of Translation*, de Fraser Tytler; ou ainda *Les Belles Infidèles*, de Georges Mounin, e *A arte de traduzir,* de Brenno Silveira, *A poética da tradução*[23] de Haroldo de Campos, e mais algumas obras recentes de que trataremos mais adiante. Apesar da existência de tais obras, a tradução, entre nós, é ainda uma arte puramente empírica, cujos segredos cada tradutor tem de redescobrir por conta própria (e à custa dos leitores).[24]

Há um meio de suprir a falta das obras especializadas, nem sempre acessíveis. O melhor exercício para o tradutor é, naturalmente, a tradução. Mas não basta. Se ele se limitar a verter, embora com a maior honestidade, o que lhe houverem confiado, há de ficar confinado dentro do âmbito dos seus próprios recursos. Sobretudo no começo de sua carreira, ele tem de ler com atenção as traduções de colegas e, de vez em quando, escolher uma para cotejá-la linha por linha com o original.

Edições bilíngues, se as houvesse entre nós, seriam excelentes para tal fim. (Mas só as há de algumas traduções em versos, como as de Guilherme de Almeida ou Onestaldo de Pennafort; estas, porém, já representam um grau de

---

[23]Em *A arte no horizonte do provável*. São Paulo, Editora Perspectiva, 1969.

[24]Podem prestar bons serviços, e não apenas a tradutores de latim, dois modestos opúsculos editados na França com objetivos didáticos: M. Baelen. *Méthode de Version Latine à l'usage des classes supérieures*. Paris, Librairie Veuve Ch. Poussielgue, 1906, e H. Bornecque. *Comment Faire une Version Latine*. Paris, École Universelle par Correspondance, s.d. Note-se que, na terminologia francesa, *version* corresponde à nossa "tradução", por oposição a *thème* (em português, "versão"). Outro livro extremamente útil é: J. Marouzeau. *La Traduction du Latin*. Paris, Les Belles Lettres, 4ª ed., 1951.

virtuosidade só acessível a pouquíssimos tradutores, dotados de talento poético, e assim a sua leitura, de nosso ponto de vista prático, é menos instrutiva que a de livros em prosa.) Na ausência delas, o tradutor há de organizar algumas para seu próprio uso. De posse de alguma tradução brasileira considerada modelar,[25] adquire o original e vai anotando os achados, as invenções, as licenças do confrade. Não são as traduções boas as únicas instrutivas: podem-se muito bem aproveitar as lições negativas das versões feitas em cima da perna. O exercício inverso é também interessante: pegar a tradução estrangeira de algum bom livro brasileiro (seu número vai aumentando dia a dia) para ver quais os rodeios portugueses sem tradução em outras línguas. Arrolando-os, o tradutor nacional fica de sobreaviso para não abrir mão deles, embora um texto estrangeiro nunca os possa render.

As considerações que precedem referem-se aos traduto-res que traduzem. Há também — dizem-me — os que se limitam a assinar o trabalho de colaboradores anônimos; eles lerão com proveito a história seguinte, contada na Hungria como realmente acontecida.

O nome de Frigyes Karinthy, escritor morto há alguns anos, é conhecido de todos os leitores húngaros.[26] Humo-rista dos mais espirituosos, boêmio incorrigível, fornecia material permanente para o anedotário de todos os jornais com os seus chistes e os seus casos. Verdadeiro gênio no domínio da produção original, Karinthy não primava no

---

[25]Por exemplo, a tradução de *Pequenos poemas em prosa*, de Charles Baudelaire, por Aurélio Buarque de Holanda Ferreira, da qual trato mais adiante.
[26]Três de seus contos estão incluídos em minha *Antologia do conto húngaro*.

da tradução: suas longas tertúlias à mesa de cafés, onde gastava a maior parte do tempo, não lhe deixavam lazeres para uma atividade tão assídua e sistemática. No entanto, saíam incessantemente traduções que lhe ostentavam o nome. Certo dia o mistério se desvendou. Os leitores de um romance inglês "traduzido" por Karinthy descobriram estarrecidos, no meio de uma das cenas mais patéticas, esta frase: "Seu Karinthy, não entendo patavina desse troço." Era uma nota do colaborador anônimo que devia contar com a revisão do famoso escritor; este, porém, revira tão pouco o manuscrito da tradução quanto as provas, e o pedido de socorro do colaborador anônimo entrou a fazer parte do texto do romance. Como se tratasse de um humorista, todos riam, o anedotário enriqueceu-se de mais um caso e a edição se tornou raridade bibliográfica.

Mas daquele dia em diante Karinthy teria traduzido muito menos.

5. *A ARTE DE TRADUZIR*

O LIVRO ASSIM INTITULADO, de Brenno Silveira, publicado pelas Edições Melhoramentos e cuja reedição se impõe, não interessa apenas a reduzido número de especialistas, como se poderia pensar. Basta folheá-lo para ver que — de acordo com o excelente prefácio de Lourenço Filho — suas observações sobre o problema da expressão em geral e as características de diversos idiomas comparados com o português o recomendam igualmente aos professores e aos estudantes de língua, e o tornam um auxiliar precioso de qualquer pessoa acostumada a ler livros escritos em idiomas outros que não o português. Obras desse gênero são raras mesmo nas grandes línguas de cultura, e por isso devemos felicitar-nos por ter saído uma no Brasil, especialmente escrita e exemplificada para o leitor nacional.

Tradutor profissional, o autor é representante de uma classe ainda pouco numerosa entre nós e cujo trabalho é, em geral, insuficientemente apreciado. Há tempos, na assembleia geral do Instituto Internacional da Imprensa, organizada em Viena, o presidente dessa entidade declarou que o destino do mundo podia depender da maneira pela qual os jornais traduziam o noticiário internacional para a linguagem familiar de cada país. Alguém terá lembrado, na mesma assembleia, pagar aos tradutores já não digo tão bem como se deles dependesse o destino do mundo, mas bastante bem para que se pudesse escolher esse ofício como profissão exclusiva?

Talvez se venha a dar maior importância à atividade do tradutor quando ele mesmo se tiver compenetrado de suas responsabilidades e possuir consciência profissional. O livro de Brenno Silveira, atraente e instrutivo ao mesmo tempo, poderá contribuir para a formação dessa consciência.

Com toda a razão, o autor exige do tradutor, além de conhecimentos técnicos, qualidades morais. A primeira, já se vê, é uma grande honestidade intelectual. Mas há várias outras, entre as quais não hesitarei em incluir as três virtudes teologais: a fé (na literatura), a esperança (na possibilidade de compreensão entre os homens) e a caridade (para com o autor que se traduz). A essa última Brenno Silveira chama de humildade, e com muita insistência nos põe de sobreaviso contra a tentação diabólica de fazermos a tradução superior ao original.

Que essa tentação existe posso atestá-lo por experiência própria. Quantas vezes não se gostaria de emendar um cochilo do original! Lembro-me de um conto impressionante de Karinthy, "Amor sem esperança",[27] que, depois de vertido do húngaro, submeti à revisão de mestre Aurélio Buarque de Holanda Ferreira. Ele concordou comigo que o conto era uma obra-prima, mas que as duas últimas palavras

---

[27] Ver nota anterior.

— que explicavam uma coisa que era melhor não explicar, mas deixar adivinhar — prejudicavam-no. Que fazer? Se o autor fosse vivo, seria capaz de escrever-lhe e pedir-lhe autorização para suprimir aquelas duas palavras. Mas estava morto: não havia jeito senão deixar a obra imperfeita, mas tal qual fora escrita pelo autor.

Se, porém, os nossos tradutores se limitassem a melhorar os originais, Brenno Silveira não teria escrito o seu precioso manual. Ele mesmo declara que o fez como reação aos confrades, infelizmente muito mais numerosos, que deterioram os textos que traduzem.

Tendo trabalhado, como o autor, numa das grandes editoras do país, conheci de perto muitos representantes das três espécies de tradutores, maus, medíocres e bons.

Os da primeira categoria são aqueles que julgam saber traduzir só por entenderem (Deus sabe como) um romance escrito em francês ou inglês. Trabalham sem dicionários e sem escrúpulos, ditando a tradução a uma datilógrafa sem sequer revê-la depois (a tradução, não a datilógrafa), e entregam o trabalho em tempo recorde. Um deles, que já tinha no seu passivo a versão de várias obras-primas da literatura universal, confiou-me que em toda a sua vida de tradutor não encontrara uma única dificuldade e, portanto, dispensava qualquer obra de consulta. Por insistência minha consentiu em aceitar, entretanto, o dicionário francês que lhe ofereci, mas no dia seguinte já me telefonou triunfante:

— Não lhe disse que o dicionário é completamente inútil? O seu não contém nem sequer a palavra *fit*.

Levei tempo para compreender que ele tinha procurado em vão o perfeito do verbo *faire*.

A "tradutores" como esse, e infelizmente não são poucos, o livro de Brenno Silveira nada adiantará; pelo título, julgá-lo-ão um trambolho tão inútil como foi, nesse caso, o *Larousse*.

Os profissionais da segunda categoria conhecem bem melhor a língua do original, mas não têm noção exata dos limites do próprio conhecimento. Em último recurso admitem a consulta ao dicionário, mas não desconfiam das armadilhas escondidas às vezes no texto mais fácil e aparentemente inócuo. Ficam satisfeitíssimos de encontrar num texto francês palavras tão simples como *nue* e *propreté*, num italiano *casamento* e *vale*, num espanhol *cena* e *polvo*, num inglês, *actually* e *library*. É verdade que — para eles — essas palavras quase portuguesas geralmente aparecem em contextos os mais esquisitos, mas, em vez de recorrerem ao pai dos burros, atribuem o fato a alguma licença poética, alguma ousadia do autor (esses autores!), e sem a menor desconfiança traduzem os termos em apreço por seus quase homógrafos portugueses. Geralmente a coisa fica nisso, pois é raríssimo entre nós (como, aliás, em toda a parte) um leitor ou um crítico confrontar a tradução com o original. Mesmo que algum funcionário da editora descubra a gafe, não quererá melindrar o tradutor — sempre um amigo da casa, frequentemente um escritor ou jornalista de talento — revelando-lhe que *nue* não é "nua", mas "nuvem"; que *propreté* não equivale a "propriedade", mas a "limpeza"; e que as demais palavras citadas significam respectivamente "casario", "adeus", "ceia", "poeira", "realmente" e "biblioteca". Daí existirem em várias editoras ortopedistas linguísticos, cuja única tarefa consiste em endireitar tais aleijões com, a maior discrição, para que o tradutor nem por acaso venha a sabê-lo.

Dessas palavras insidiosas, qualificadas como "falsos amigos",[28] Brenno Silveira dá três listas — relativas às línguas francesa, italiana e castelhana — extensas e ainda assim incompletas; cada tradutor poderia aumentá-las com exemplos encontrados em seus próprios trabalhos.[29] O mérito de tais catálogos é inegável: a leitura deles poderá inocular nos tradutores da segunda categoria uma salutar desconfiança em relação às palavras "fáceis".

Quanto à terceira categoria, compreende não os profissionais que nunca incidiram em tais erros, pois deles ninguém está livre, mas aqueles que, depois de terem corado ao descobrir alguns deles em suas primeiras traduções, tomam todo o cuidado para não reincidir. Esses hão de acolher *A arte de traduzir* com gratidão e vão folheá-la com mão diurna e noturna.

Uma das páginas mais curiosas da obra em apreço é o texto castelhano adrede fabricado pelo autor com grande número de "falsos cognatos". Depois de sua leitura, ninguém mais vai pensar que traduzir do espanhol para o português é "sopa".

---

[28] Ver ainda, a respeito desses falsos amigos, *A tradução vivida*, p. 45-48.

[29] Uma relação alfabética, relativamente completa, dos "falsos amigos" do francês para leitura de língua portuguesa encontra-se em meu *Guia prático da tradução francesa*, Rio, Nova Fronteira, 3ª ed. revista e ampliada, 1983. Outra, relativa aos falsos amigos do inglês, *Guia prático da tradução inglesa*, de Agenor Soares Santos, foi publicada em segunda edição pela Editora Cultrix em 1981.

Como se vê, a grande qualidade do livro de Brenno Silveira é o seu caráter prático. Além das listas de "falsos amigos", contém uma relação das diferenças vocabulares mais importantes entre o inglês da Inglaterra e o dos Estados Unidos; um mostruário das *stock phrases* (frases feitas) do uso inglês, e outro, como exemplo de linguajar regional, dos termos usados pelos vaqueiros do Oeste norte-americano; sem falar em inúmeros conselhos minuciosos e úteis, em que nada é esquecido, desde a tradução de provérbios e de trechos da Bíblia até a escolha do papel em que a tradução deverá ser datilografada.

Não menos valiosa a parte final do livro, em que se examinam algumas traduções, boas e más, cotejadas com os respectivos originais. Tais exames, realizados com intuito didático e sem os personalismos e remoques tão fáceis em semelhante assunto, equivalem a outras tantas aulas práticas.

Poderia citar ainda muitos trechos sugestivos e úteis de *A arte de traduzir*: assim seus conselhos para se alcançar a naturalidade na tradução das formas pronominais de tratamento, para se evitarem os lusitanismos que perturbam desnecessariamente o leitor etc. Convém também assinalar o tom profundamente humano e simpático das confidências que, volta e meia, vêm misturar-se aos palpites sobre truques do *métier*, e a interessante estrutura do livro, subdividido por títulos arcaizantes (por exemplo, "capítulo II, em que, de maneira sucinta, se tecem considerações sobre a linguagem") que lembram a feição do velho *On the Principies of Translation*, de Fraser Tytler, um dos clássicos do assunto.

Em suma, a leitura do livro demonstra fartamente que o autor possui em abundância as qualidades exigíveis num bom tradutor, especialmente conhecimentos linguísticos, cultura geral e honestidade. Tenho, por isso, a certeza de que não levará a mal as leves restrições que vou fazer a seu trabalho, talvez aproveitáveis nas edições sucessivas que lhe auguro.

Serão de correção fácil os erros tipográficos que, num volume aliás bem-revisto, deturpam parte das palavras francesas citadas.

Julgo, em compensação, mais difícil, mas não menos necessário, um esclarecimento mais amplo acerca do conceito de *tradução literal*. Num tom excessivamente apodíctico, afirma o autor que só existem duas espécies de tradução: a literal e a livre, e pronuncia-se sem ressalvas a favor da primeira. Compreendo-lhe e respeito-lhe a intenção, em que se reflete uma reação natural a tantas "adaptações" devidas à falta de escrúpulo e de competência, mas não sei se o dogmatismo dele não favorecerá o excesso contrário. Parece-me indispensável uma explicação do que se entende por tradução literal e sobre quais os limites dessa literalidade. Brenno Silveira timbra em afirmar que não devemos traduzir apenas as ideias, mas sim as palavras do autor. Está certo, mas as palavras do autor não são sempre caracteristicamente dele, muitas vezes são peculiares à sua língua e intransponíveis em outras. O que fazemos então, em que pese ao defensor de doutrina tão saudável, é traduzir não as palavras, mas a ideia do autor, procurando reproduzir-lhe naturalmente com toda a exatidão possível os ingredientes lógicos e sentimentais.

Quem admitiria, por exemplo, que a palavra *mãe* traduzida por *filha* possa dar certo? Entretanto foi esse o expediente a que recorreu mui acertadamente o meu amigo Guttorm Hanssen ao traduzir do dinamarquês "Irene Holm", de Herman Bang.[30] Há nesse conto um marido que, em conformidade com o uso da língua, chama a mulher constantemente de "mãe" (dos filhos do casal, é claro): em português, para se conservar o mesmo tom, ele a chama de "minha filha". Ou ainda: quem poderia supor que *Deus* se traduz por *Diabo*? Pois a praga francesa *nom de Dieu* (que os franceses, pouco progredidos na arte de praguejar, consideram a mais cabeluda da sua língua) verte-se otimamente para o nosso idioma, menos eufemístico, por "com os diabos". Vejam ainda um terceiro exemplo. Em húngaro, o advérbio *szépen* ("lindamente"), derivado do adjetivo *szép* ("lindo"), significa, quando usado em resposta a uma pergunta, "de modo algum" (emprego irônico generalizado há muito tempo e incorporado ao léxico; o fenômeno é semelhante à evolução do nosso "pois sim"). Vertendo-o assim, estarei traduzindo-o literalmente? Claro que não. Nem por isso deixo de traduzi-lo fielmente, o que mostra, a meu ver, que há entre a tradução literal e a tradução livre uma terceira, a literária, precisamente aquela que devemos propor como objetivo.

Estou repisando aqui ideias em parte já expendidas na 1ª edição deste livrinho, publicada em 1952. Talvez o sr.

---

[30] Tradução incluída em *Mar de histórias, Antologia do conto universal*, de Aurélio Buarque de Holanda Ferreira e Paulo Rónai, vol. V.

Brenno Silveira não a conheça, pois não lhe faz nenhuma referência, embora seja o primeiro livro consagrado no Brasil ao problema tratado por ele. Conhecendo-o, talvez tivesse discordado da minha terminologia, o que o teria levado a tornar a sua mais clara.

Seja como for, essa discordância em nada diminui o mérito de *A arte de traduzir*, sua honestidade e a sua grande utilidade. E só posso concordar com o autor quando quer incutir nos tradutores nossos confrades consciência mais firme do seu humilde sacerdócio a serviço da palavra humana.

6. "AS LINDAS INFIÉIS"

FILME DE AMOR? Romance de costumes? Novela cor-de-rosa?

Nada disso: apenas um livro sobre a arte de traduzir. Um livro bom, cheio de substância e escrito com espírito, destinado não apenas aos profissionais, mas a todos aqueles que gostam de refletir sobre problemas da expressão.

Dá-se o nome de *belles infidèles* às adaptações edulcoradas de obras estranhas, tão em voga no século XVIII, e cuja tradição até há pouco tão gravemente prejudicou a técnica de verter para o francês qualquer autor estrangeiro.

No livro recente que traz no título essa expressão imaginosa,[31] o sr. Georges Mounin não se restringe a considerações sobre esse único método de interpretação; empreende um inquérito sistemático sobre as principais dificuldades da versão de textos de valor literário, partindo da pergunta: será possível traduzir?

Pergunta inútil, dirão alguns, pois não saem diariamente, pelo mundo afora, centenas de obras literárias vertidas de

---

[31]Georges Mounin. *Les Belles Infidèles*. Paris, Cahiers du Sud, 1955. Alguns anos depois, esse mesmo autor publicaria o importante livro *Os problemas teóricos da tradução*, já traduzido em português, a que nos referimos à p. 14.

uma língua para outra? Sem dúvida: e, no entanto, volta e meia a questão é formulada por cada um de nós. Os disparates mais absurdos, as infidelidades sem conta que todo dia se nos deparam em livros traduzidos, levam-nos com frequência a descrer da possibilidade de uma tradução a um tempo literária e fiel. Trata-se, pois, de averiguar se a traição é inerente a essa operação espinhosa que consiste em reproduzir num idioma uma obra concebida, pensada e redigida em outro.

A interrogação citada encabeça o primeiro capítulo do estudo, no qual encontramos um resumo dos argumentos mais frequentemente proferidos contra a possibilidade de traduções exatas. Todos eles já foram alinhados por Joachim du Bellay no prefácio da *Defesa e ilustração da língua francesa*. Mas como o mostra Georges Mounin, a argumentação do poeta quinhentista, como também a de alguns prosadores — Montaigne, Mme Dacier, Rivarol — que se lhe seguiram, era condicionada pelo estado momentâneo do idioma francês, então em fase de fixação, e, desde aí, vem sendo repetida sem maior exame; mas agora o francês — como outras línguas de grandes civilizações — está em plena posse de seus meios de expressão, de modo algum inferiores aos de qualquer outro idioma em qualquer momento de sua evolução.

A resposta vem no título do capítulo seguinte: traduzir é possível. Antes de mais nada, é cada vez mais necessário. Já se foram os tempos em que o conhecimento de três ou quatro línguas nos permitia ler no original tudo o que valia ser lido. Hoje muitas literaturas de expressão difícil ou inacessível lançam mensagens de sentido universal e a diminuição inconcebível das distâncias alargou muito o significado do adjetivo "vizinho".

Os que sustentam a impossibilidade teórica da tradução (entre eles, paradoxalmente, tradutores de real mérito) costumam alegar a intransponibilidade de certas virtudes próprias a cada língua. Metódico, o nosso autor disseca-lhes os argumentos um por um, demonstrando que nem a semântica, nem a morfologia, nem a fonética, nem a estilística peculiares a determinado idioma constituem obstáculos insuperáveis ao intérprete munido, além do conhecimento seguro das línguas, de cultura, intuição e bom gosto.

O terceiro e último capítulo responde a outra questão: como traduzir? Confrontadas as duas modalidades extremas da tradução, o *mot à mot* e a *belle infidèle*, o autor se pronuncia a favor de uma solução mediana, o "novo *mot à mot*", tal qual é praticado nas traduções homéricas de Leconte de Lisle. Para ele, a boa tradução é aquela que nos dá sensação idêntica à experimentada outrora pelos contemporâneos do autor, e é vazada num vernáculo fluente e homogêneo, mas que não procura esconder ao leitor tratar-se de obra vertida e não original. Dessa definição decorrem, entre outras conclusões, a necessidade de cada grande obra universal ser periodicamente retraduzida, assim como a exigência de se evitar a nacionalização excessiva dos textos, mantendo-se em sua forma original, como, por exemplo, os nomes próprios.

Como ideal de tradução, o sr. Mounin com muita graça nos aponta uma obra original, o *Salammbô*, de Flaubert, "senão completamente traduzido do cartaginês, pelo menos traduzido da história".

O resumo das ideias gerais desse precioso ensaio não dá, na verdade, uma impressão fiel do seu interesse, devido ainda mais à riqueza de pormenores curiosos. Exemplificando as suas teses, o autor examina detalhadamente páginas de traduções famosas, para verificar, com apurado senso artístico, em que medida conseguem reproduzir o "cheiro" da época e da civilização do original, e como satisfazem ao requisito de homogeneidade. Graças a essas análises, agudas e instrutivas, *Les Belles Infidèles* merece lugar de honra na estante do poliglota amador.[32]

Entre os seus reparos mais sagazes, assinalemos, a título de exemplo, a sua descoberta da *traductionite*, curiosa doença de que sofrem muitos profissionais, alguns deles de alta categoria. Consiste ela em descrer da força expressiva da própria língua e atribuir expressividade demasiada ao idioma vertido. Ora, muitas vezes o emprego de uma imagem nova, nunca antes usada no idioma "vertente", produziria efeito feliz. Por outro lado, atravanca-se frequentemente a tradução com notas relativas à expressividade de locuções do original, mesmo quando estas nada mais evocavam para o autor por serem petrificadas, esvaziadas de conteúdo emocional. Assim, o tradutor francês que perdesse tempo com a explicação de modismos nossos, como "de mão beijada", "em cima da perna", "fazer hora" etc., demonstraria apenas não

---

[32] Foi com grande satisfação que verifiquei certas coincidências das ideias do sr. Georges Mounin com as que expendi há anos na 1ª edição deste livrinho. A primeira e principal é a maneira de colocar o problema, pois se o primeiro capítulo do seu livro é encimado pela pergunta *"La Traduction est-elle Possible?"*, o do meu era intitulado "Traduzir o intraduzível"; mas há vários outros encontros.

ter noção da realidade da língua viva. Um estudioso pode ficar deslumbrado com os equivalentes húngaros de "irmão" ou "noivo", respectivamente *testvér* e *völegény*, quando os desmonta em seus elementos: com efeito, o primeiro vem a ser "sangue do mesmo corpo", e o segundo, "rapaz que compra esposa"; mas, como essas imagens não surgem mais no espírito de nenhum húngaro ao empregar as palavras em apreço, o tradutor não deverá tomá-las por metáforas.

Já que voltamos a falar na biblioteca do tradutor de boa vontade, cabe aqui um lembrete a respeito de uma publicação que me foi assinalada pela curiosidade sempre vigilante do meu amigo Daniel Brilhante de Brito. É um número especial da revista *La Parisienne*,[33] consagrado a problemas de tradução. Se alguns dos colaboradores tomam essa palavra em acepção demasiadamente ampla — pois, em última análise, tudo pode ser considerado "tradução", da formulação de um pensamento à adaptação cinematográfica de um romance —, o material reunido não deixa de ser interessantíssimo.

Uma crítica mordaz às traduções da Bíblia tentadas até agora em francês é seguida de um artigo polêmico relativo às adaptações dos autores gregos e latinos; o anseio de limpá-las da poeira escolar leva o articulista a sugerir desastradamente a supressão pura e simples do ensino das línguas clássicas nas escolas secundárias.

Noutra nota, Armand Pierhal sustenta com espírito a tese de que a tradução é arte pelo menos equivalente, ou até superior, à criação original.

---

[33]*La Parisienne,* número de abril de 1953. Paris, 3 rue Dante.

Numa crônica divertida sobre "A arte de não dizer nada ou Os títulos de filmes", temos uma lista de traduções absurdas, a que seria fácil acrescentar outros tantos horrores perpetrados entre nós.

Outro colaborador glosa os tão espalhados dicionários de bolso da Casa Garnier (tão respeitosamente copiados por muitos lexicógrafos, entre eles alguns brasileiros), que registram um vocabulário 90 por cento inexistente.

A parte mais curiosa da revista são, sem dúvida, os "exercícios práticos", nos quais, a pedido da redação, um texto literário francês foi traduzido por uma equipe de escritores, para o castelhano, daí para o italiano, e depois, sucessivamente, para o alemão, o inglês e o chinês, para ser finalmente retraduzido em francês. Devo dizer que o trecho do velho Saint-Simon resistiu bem a tantas vicissitudes e ao sair da última ainda mantém o sentido, senão o estilo. É verdade que lhe foi poupado o supremo teste: uma tradução portuguesa pela mão de alguns literatos meus conhecidos.

7. O PAPEL DO TRADUTOR

PARALELAMENTE À INTENSIFICAÇÃO das diversas formas de comunicação internacional, multiplicam-se a olhos vistos as obras consagradas aos problemas da tradução. A última que me chega às mãos, de autoria do austríaco Julius Wirl,[34] é produto de um espírito metódico e sagaz, caracteristicamente germânico em sua propensão às classificações.

O autor não se propõe facilitar a tarefa dos tradutores e intérpretes por meio de conselhos práticos, e sim esclarecer as noções da interpretação e da tradução, encaradas do ponto de vista mais amplo do intercâmbio intelectual. Por isso, principia por um exame geral do processo e das condições do entendimento entre duas pessoas que falam o mesmo idioma. O que ocorre entre as duas é, a seu ver, uma dupla operação "tradutiva": 1º, o falante traduz em linguagem as suas ideias; 2º, o ouvinte, por sua vez, transpõe intimamente esse comunicado para integrá-la na própria experiência. O que geralmente chamamos tradução seria,

---

[34]Julius Wirl. *Grundsätzliches zur Problematik des Dolmetschens und des Übersetzens.* Viena-Stuttgart, Wilhelm Braumüller, 1958. (O próprio título, visceralmente germânico, já representa um problema de tradução: equivale mais ou menos a "Bases teóricas da problemática da arte de interpretar e da de traduzir".)

na realidade, a *substituição* da tradução n° 1 (a do falante) por um equivalente em língua diferente, destinado a permitir a tradução n° 2 (a do ouvinte). O executor dessa substituição é o intérprete ou tradutor.

O autor do trabalho que nos ocupa timbra em deslindar as características essenciais dessa atividade mediadora. Ei-los: a proibição, para o mediador, de dar expressão ao próprio eu, e a delimitação de suas funções pelo texto que traduz e pela língua para a qual transpõe.

O passo seguinte no campo da especulação leva-nos a estabelecer diferenças substanciais entre os dois tipos de mediador, o intérprete e o tradutor. A atividade do primeiro implica forçosamente improvisação, limitação de tempo, rapidez de ritmo, exigências excepcionais de memória, espera de reação imediata. Enquanto isso, o tradutor opera (pelo menos teoricamente) sem limitações no tempo e no espaço e sem espera de reação imediata, sob exigências de memória mínimas. Por outro lado, a sua função comporta uma multiplicidade de modalidades desconhecida por aquele, quanto à pessoa do autor, do destinatário e do freguês, assim como à natureza do texto. O "original" do intérprete está condicionado pela presença deste, ao passo que o do tradutor, na maioria dos casos, surge sem que a existência de um possível mediador seja sequer lembrada.

Até aí as considerações de Wirl focalizam a mediação entre dois idiomas no sentido mais geral, sem envolver especialmente o aspecto literário. É ainda isento dessa preocupação que ele analisa o processo mental da tradução e as exigências que lhe são feitas. Como já dissemos, no seu entender, o tradutor se substitui à pessoa falante ou escrevente. Para fazê-lo com toda a eficiência, deveria reproduzir em si integralmente a vivência deste último. Mas é nesse ponto que aparecem motivos intransponíveis de imperfeição: o tradutor geralmente age não por querer, mas por dever; a mensagem não o interessa intimamente; de mais a mais, está preocupado com a maneira de transmiti-la — condições essas profundamente diferentes das do falante. Ainda por cima, só em casos excepcionais ele chega a ter consciência total do conteúdo a transmitir.

Se, apesar de tantos óbices, tantas vezes se empreende o trabalho da transposição e não raro se alcançam os resultados pretendidos, isso se deve sobretudo à existência de situações e expressões estereotipadas em todos os povos e idiomas, favorável à aquisição de uma rotina e de um automatismo. Esse fator, injustamente desprezado pelo público (propenso a ver na tradução um mal necessário), é a primeira condição do bom funcionamento de um intérprete ou de um tradutor.

Existe uma única tradução ótima de qualquer texto? A essa pergunta, tão frequentemente formulada, Wirl responde pela afirmativa no que se refere a textos de caráter concreto e racional, isto é, não literário. Ainda assim, a possibilidade de tal versão perfeita é influenciada pelo que ele chama de "relação interidiomática". O sistema de equivalências completas não é igual entre dois idiomas quaisquer. O nosso autor sugere que se proceda a indagações para elaborar o sistema de tais equivalências em relação a pares de idiomas, como, por exemplo, o francês e o alemão, ou o inglês e o espanhol, e assim por diante, e depois, já como resultado de uma síntese, em relação a grupos inteiros de línguas ou a todas as línguas de civilização.

Ocorre indagar se, vistas as suas múltiplas dificuldades, a comunicação bilíngue aumenta necessariamente o número dos fatores prejudiciais ao entendimento. Quando entre duas pessoas da mesma língua a compreensão é perturbada, isso provém da insuficiência da linguagem em geral ou da língua usada, e, mais ainda, da imperfeita capacidade de expressão dos interlocutores. A perturbação encontra os seus corretivos no inter-relacionamento gramatical das palavras, nas entonações e nos gestos, nas expressões estereotipadas, no conhecimento do mundo íntimo do interlocutor. A presença de um intermediário não multiplicará fatalmente os riscos, pois, quase sempre dotado de uma expressividade maior que a dos interlocutores, ele pode até corrigir as imperfeições da mensagem ou adaptá-la previamente à capacidade compreensiva do destinatário. É onde o seu papel transcende o de simples intermediário, e onde aparecem as implicações morais da sua função.

Uma tentativa de classificar os originais (chamados também textos, conteúdos ou mensagens) encaminha-nos para o setor literário. Previamente o ensaísta distingue textos contínuos e não contínuos (listas de palavras, catálogos etc.); depois, entre os primeiros, opõe os específicos aos não específicos. Define o texto *específico* como "original que deixa impressão igual em todos os ouvintes ou leitores"; ele é, em regra, de traduzibilidade absoluta. Para os textos *não específicos* (que chamaríamos literários) não existe uma só tradução ótima, e eles exigem do tradutor, além de dom linguístico e de estudos especializados, talento poético.

Procurando chegar ao âmago da questão por outro caminho, o tratadista enuncia que a traduzibilidade está na razão inversa da inseparabilidade do conteúdo e da forma. Paralelamente inquire a validez de metáforas aventadas para esclarecer o mecanismo da tradução, mostrando como as imagens alma & corpo, corpo & veste e instrumentos diversos tocando a mesma melodia resultam insuficientes.[35]

O último capítulo é consagrado à tradução poética (*Nachdichtung*). Impossível diante da teoria pura, ela entretanto existe e apresenta raras *réussites*. Pressupostos favoráveis são a congenialidade do tradutor e a sua capacidade de despersonalização, podendo a segunda diminuir na medida em que prevalece a primeira. "Ambas as partes fazem sacrifícios, tanto o poeta indefeso como o tradutor. Convém que os do primeiro sejam os mais leves."

Entram em jogo também, e talvez mais que as divergências temperamentais do autor e do tradutor, as diferenças estruturais dos dois idiomas, pois estes costumam ser mais condicionados pela comunidade popular que as individualidades. Afinal, a tradução poética é a única em que o requisito principal não é o preparo linguístico.

É nesse último capítulo que o autor desce a encarar soluções práticas, por exemplo, quando acertadamente enuncia que não convém procurar equivalentes, para textos dialetais, nas variantes dialetais do idioma receptor. Outra observação, cuja exatidão pude comprovar, ressalta

---

[35]Em *A tradução vivida* (p. 23 e ss.) são analisadas essas metáforas e muitas outras, aplicadas à tradução.

a importância, ao verter um poema, de acertar o tom logo nos primeiros versos. O reparo me fez lembrar a longínqua época em que me divertia com a tradução de poetas latinos em versos húngaros. Trazia de cor os versos, ou as estrofes iniciais às vezes durante meses e anos sem que encontrasse equivalentes satisfatórios, até o surgir de um estado de quase inspiração, quando a solução procurada se apresentava num lampejo. Daí a traduzir o restante do poema, em regra geral bastavam poucas horas, às vezes minutos; o encontro feliz do registro apropriado aplainava de uma só vez dezenas de dificuldades.[36]

Vários "anexos" completam o livro, um deles consagrado ao velho problema da "linguagem de tradutor". A esse respeito, Wirl sustenta a tese, cada vez mais generalizada, de que a tradução não deve dar a impressão de escrita na língua do leitor e sim trazer consigo como que um halo próprio à do autor.

Como se vê, as ponderações do ensaísta austríaco, se não chegam a fornecer auxílio prático aos especialistas do ofício, ajudam-nos a melhor conceituá-lo, e destarte, podem constituir os prolegômenos de qualquer curso de tradutores.

---

[36] *Ibid.*, p. 192-193.

8. "CONVENIÊNCIA E INCONVENIÊNCIAS DA TRADUÇÃO"

O LIVRO DE JULIUS WIRL, examinado há pouco, pode ser encarado como uma sistemática da arte de traduzir. O de Walter Widmer,[37] cujo título, em versão aproximativa, encabeça este capítulo, equivale à "moral em ação" dessa mesma arte.

Esse autor, ao contrário do outro, pouco se preocupa em definir o que é tradução, por considerá-lo matéria pacífica. A finalidade do seu estudo é nitidamente polêmica: mostrar por que a maioria das traduções que entulham o mercado de livros alemão não merecem tal nome. O trabalho que nos oferece, baseado em suas experiências de especialista (é tradutor de Villon, Stendhal, Balzac, Maupassant, Flaubert e Zola), respira entusiasmo, irritação, ironia, às vezes até ressentimento; e tudo isso faz dele um escrito extremamente vivo.

Uma das novidades da dissertação consiste em julgar o problema da tradução como parte de todo o panorama cultural. Segundo a sua afirmação, o nível das traduções

---

[37] Walter Widmer. *Fug und Unfug des Übersetzens*. Colônia-Berlim, Verlag Kiepenheuer & Witsch, 1959.

na Alemanha estaria baixando consideravelmente, a par da decadência da indústria editorial. Essa decadência se manifestaria não na diminuição do número de obras publicadas ou das tiragens, mas na falta de uma programação de real interesse cultural, na caça ao *best-seller*, na preferência dada ao novo e sensacional sobre os valores imutáveis, na influência excessiva do fator publicitário, na queda vertiginosa da qualidade.

Como prova da primeira dessas asserções, recebemos uma coletânea de extratos de tradução. Li-os com especial interesse por serem quase todas as obras citadas de autores franceses e a grande maioria dos exemplos pertencer a versões alemãs de romances de Balzac. São amostras deveras horripilantes, tanto mais quanto são extraídas de volumes publicados por editoras das mais conceituadas (entre elas, a Insel-Verlag, conhecida no mundo inteiro como padrão de decência), as quais os teriam reeditado sem modificação, apesar de informados das monstruosidades cometidas. A abundância da exemplificação demonstra não se tratar de senões esporádicos e sim das manifestações usuais de uma ignorância grosseira. Numa tradução de *La Cousine Bette*, o sr. Widmer contou nada menos de 428 omissões de razoável extensão. O tradutor, um dos de maior prestígio, é típico representante de todo um grupo de profissionais que adota em suas versões a praxe simples e radical de suprimir tudo o que não entende (o que não significa que nos trechos que julga entender não apareçam com frequência erros palmares). Outro grupo de tradutores, cujos espécimes também aparecem no pelourinho, cai no excesso oposto, amplificando e diluindo as frases "difíceis" em tudo o que lhes cai nas mãos como original a transpor. Um dos membros desse partido não tem pejo em acrescentar frases inteiras para explicar, parafrasear, "embelezar" ou "melhorar" o original, e, mais de uma vez (coisa incrível, mas comprovada pelas amostras), exibir a própria erudição! Pois precisamente a este último, "aperfeiçoador" de Mérimée e Malraux, Thomas Mann elogiou como "o melhor tradutor do francês para o alemão".

É evidente que os representantes dos dois grupos confiam na mais absoluta impunidade, seguros como estão de que os leitores ignoram o original e nenhum crítico vai dar-se ao trabalho cansativo de um cotejo que fatalmente haveria de indispô-lo com as grandes editoras.

Como se vê, o panorama "tradutorial" alemão se parece bastante com o nosso, não só na leviandade com que se matam as tarefas, mas também na facilidade com que autores até de alta categoria concedem láureas de tradutor emérito sem proceder ao cotejo da versão com o original. Mal de muitos consolo é? Então, quem sabe alemão, leia o capítulo *"Panoptikum* e palácio do terror" e verificará que na Alemanha também há tradutor que confunde *s'asseyant* e *s'essuyant.*

O surpreendente é a coragem com que Walter Widmer dá nome aos bois e ataca de frente os ídolos mais prestigiosos no setor da tradução. Só conheço um livro brasileiro assim, livro póstumo do saudoso Agenor Soares de Moura, formado pela coleção dos seus artigos publicados há anos no *Diário de Notícias* sob o título de "Crítica de traduções" —

mas que até hoje continua inédito, por não ter encontrado editor que se arriscasse a lançá-lo.[38]

Agora o ardor da indignação leva o autor de *Fug und Unfug des Übersetzens* a conclusões algo exageradas. Parece até pensar que a falta de compreensão da França e dos franceses por parte da Alemanha é devida em grande parte à qualidade miserável das traduções. É dar demasiada importância ao próprio ofício. Mas é certo que a cultura de ambos os países lucraria se essas pontes da aproximação espiritual tivessem bases mais sólidas.

Outro ponto que merece críticas do sr. Widmer é a falta de cuidado na escolha dos livros que se devem traduzir. Ao mesmo tempo, rebate a alegação dos esnobes de que um homem culto não se rebaixa a ler traduções e mostra com muito acerto que, por exemplo, para se entenderem os bons autores franceses no texto original, são precisos anos de estudo sério, senão uma vida toda. Disso naturalmente são incapazes os "leitores em diagonal", isto é, os que leem por alto, numa corrida, páginas substanciosas e profundas com o único fim de ocasionalmente arrotar erudição. Em todo caso, conclui, mais vale ler em tradução do que não ler de todo ou fingir que se leu no original.

As críticas concretas de Widmer são, em geral, instrutivas e divertidas. Na teoria, porém, chega a contradizer-se mais de uma vez. Assim, por exemplo, quando, depois de classificar as traduções de obras literárias, dá preferência, com Goethe, à tradução "identificadora",[39] isto é, aquela

---

[38]Ver *A tradução vivida*, p. 31.
[39]*Ibid.*, p. 24.

que, em vez de transplantar o original, transporta o leitor para o ambiente estrangeiro — para depois declarar que essa maneira de transposição serve para todos os casos, menos quando se traduz do francês para o alemão. As divergências das duas línguas seriam tão profundas que se faz necessária uma adaptação ao espírito da língua alemã. Apesar de um paralelo deveras espirituoso dos dois idiomas, o leitor não fica persuadido — ou melhor, continua achando que divergências não menores existem entre outros pares de línguas também, apenas o crítico não esbarrou nelas por ter sempre trabalhado no setor francês.

No belo retrato que traça da língua francesa, pela qual sente uma verdadeira paixão, o nosso autor se deixa influenciar em demasia pela imagem de um idioma cartesiano, claro e transparente, como por muito tempo foi considerado o francês. Essa definição tinha a sua razão de ser enquanto a ordem direta dominava a frase francesa e existia uma separação nítida entre a linguagem literária e a falada — mas se mostra insuficiente na época moderna, em que a página de Proust ou de Gide apresenta sinuosidades e matizes não registrados nos dicionários nem nas gramáticas, mas já completamente aceitos e incorporados à língua. Qualificando tais autores como "os menos franceses", não resolvemos o problema; o fato é que no francês de hoje há várias tendências opostas e as suas múltiplas combinações constituem atualmente característica tão forte como outrora a lógica e a clareza.

Outra decorrência dessa comovedora admiração ao *esprit* francês é o elogio às traduções francesas em comparação com as alemãs. É certo que talvez em nenhum outro país se verifique, como na França, a presença de tradutores excelentes que se dedicam à transplantação da obra de um único escritor estrangeiro, chegando a uma identificação total com o seu estilo e o seu pensamento.[40] Mas a França foi também o país das *belles infidèles*, da "adaptação ao gosto nacional", cuja tradição não desapareceu completamente, como mais de uma vez pude verificar, em versões aparadas, aliviadas, irreconhecíveis. Widmer pega traduções francesas, cuja excelência comprovou, para compará-las com traduções alemãs, cuja má qualidade ele mesmo acaba de demonstrar. Mas será justo tirar conclusões gerais do fato de ser o *Ulysses* alemão, obra de uma pessoa só (Georg Goyert), inferior ao *Ulysses* francês, devido à colaboração de Auguste Morel e Stuart Gilbert, ainda por cima auxiliados por Valery Larbaud, mestre dos tradutores, e pelo próprio Joyce? Sinceramente, não acredito. Tanto mais que o tradutor alemão pode ter sido menos favorecido que seus confrades franceses no que diz respeito ao prazo, à atmosfera, à remuneração do seu trabalho.

Pois todos esses fatores, como aliás o próprio Walter Widmer é o primeiro a reconhecer, desempenham às vezes papel quase tão grande como o preparo intelectual do intérprete. E aqui chegamos ao conhecido círculo vicioso: um trabalho bom só pode ser esperado de um profissional; um profissional vive do seu trabalho, mas a tradução é tão mal paga que um bom escritor, ao mesmo tempo conhecedor de idiomas estrangeiros, não a escolhe como profissão...

---

[40]Ver p. 28.

Por outro lado, como exigir que o editor remunere bem este serviço, se ainda ignora as possibilidades de venda do livro? Como solução do impasse, Widmer propõe uma participação do tradutor nos lucros (5 por cento do preço de capa). Outras sugestões de caráter prático — por exemplo, a instituição de uma jurisdição para dirimir questões entre editoras e tradutores — parecem não ter maior alcance.

Walter Widmer é também dos que põem em dúvida a exequibilidade de traduções poéticas, e gostaria de substituí-las por traduções fiéis em prosa, com o texto original ao lado. (Mas qual seria a utilidade dos originais de um Píndaro ou de um Puchkin para leitores que ignorassem até os alfabetos grego e russo?) Ele mesmo empreende a demolição de oito traduções alemãs de uma estrofe de Villon — com uma *verve* talvez decorrente de ser ele o autor de uma nona. E daí? Ninguém pode negar a existência de traduções poéticas dignas de admiração (em alemão como em outras línguas), e que algumas, que não se distinguem pela fidelidade, impuseram-se como obras de arte de valor próprio. Seja como for, o cotejo e a crítica das oito variantes são do maior interesse.

Sim, mesmo em seus paradoxos esse livro inteligente e nervoso pode instruir. Gostaríamos de saber as reações que sem dúvida há de suscitar na Alemanha, e se efetivamente conseguirá, como pretende, a "purificação do ambiente literário".

9. "A TRADUÇÃO NO MUNDO MODERNO"

OS PROBLEMAS ENCONTRADOS na transposição de ideias de um idioma para outro estão sendo focalizados em número cada vez maior de estudos. Acompanhando tais ensaios há muito tempo, até agora não li nenhum que abra perspectivas tão largas como o livro de Edmond Cary sobre *"A tradução no mundo moderno"*,[41] em que a questão é examinada, além de dos pontos de vista técnico, semântico e estético, sob o aspecto sociológico também. A originalidade do autor consiste em registrar pela primeira vez toda a diferenciação a que chegou a atividade tradutora, distinguir as exigências específicas de cada gênero de tradução e apontar a extensão insuspeitada que o trabalho de interpretação ocupa na vida de hoje.

Com efeito: aos olhos do autor, o mundo moderno reveste as feições de uma imensa máquina de traduzir, a rodar com rapidez cada vez maior. A comparação poderia parecer exagerada, se não se apoiasse em estatísticas eloquentes sobre a média anual de livros traduzidos no mundo inteiro,

---

[41]Edmond Cary. *La Traduction dans le Monde Moderne.* Genebra, Librairie de l'Université, Georg S.A., 1956.

o número de filmes vertidos em um ou vários idiomas, a multidão de organizações internacionais multilíngues e de reuniões internacionais com serviço de interpretação. Após a leitura de tais tabelas, inteligentemente analisadas, sentimo-nos propensos a, com Edmond Cary, qualificar o nosso século como a época da tradução.

No entanto, as leis ainda não cogitam da profissão de tradutor, e nas grandes enciclopédias o ofício não mereceu nem sequer um verbete. Certo, "não há nada que se assemelhe menos a um tradutor que outro tradutor"; os milhares ou dezenas de milhares de pessoas que pelo mundo afora se entregam a esse mister subdividem-se em inúmeros grupos de especialização diferente, às vezes ligados apenas pelo fato de se terem formado na mesma "escola de modéstia".

Os interessados no assunto hão de ler com deleite as sutis distinções que o autor — profissional de grande tarimba ao mesmo tempo que homem de espírito e humanista de ampla visão — estabelece entre as exigências de cada ramo do ofício, muito diversas conforme se trata de verter uma carta comercial ou um texto publicitário, uma monografia científica ou uma página de jornal. Mesmo dentro da tradução de intuito estético, os requisitos diferem segundo se trata de romance ou de poesia, de texto destinado a ser lido ou a ser ouvido. Mas aí, em grau maior ou menor, encontraremos sempre no tradutor a inocente e simpática mania de querer realizar o irrealizável, "pôr uma estátua em música, transformar um templo em poema".

Encarando a tradução literária, assinala o sr. Cary a sua oscilação entre os dois polos impostos pelas tradições da sua dupla origem: o respeito escrupuloso à letra do original (herdado dos tradutores de livros sagrados) e a tentação de adaptar o "recado" em toda a medida do possível ao ambiente do tradutor (tão manifesta, por exemplo, nas fábulas esópicas, em sua passagem de uma cultura para outra).

No concernente ao setor específico da tradução poética, decompondo-lhe as dificuldades talvez se consiga chegar mais perto da própria essência da criação poética. Daí o interesse das considerações tecidas pelo autor a esse respeito. Lembra oportunamente como a probabilidade muito fraca de obter "a quádrupla coincidência entre dois ritmos e dois pensamentos", de que fala André Maurois, desaparece de todo quando o tradutor enfrenta a poesia de povos exóticos. Exemplo escolhido: o verso chinês, com sua complexa rede de correspondências léxicas, seu jogo perpétuo de alusões literárias, sua indiferença à sintaxe comum e a interferência da imagem visual dos caracteres. Há também um reparo engenhoso sobre a intraduzibilidade da poesia moderna. Quanto mais indefinível essa se torna, tanto mais o tradutor se vê reduzido a passar obras "de uma língua desconhecida para outra, conhecida".

No domínio da tradução teatral (e radiofônica), o nosso tratadista mostra-se francamente favorável à adaptação. "No teatro, não há pé de página. A tradução teatral não é nem uma edição crítica nem uma reconstituição de museu. É participação numa criação coletiva fremente de vida."

Por sua vez, as traduções cinematográficas têm de satisfazer a exigências próprias, especialmente à sincronia da versão com o original, quer se trate de dublagem, de *sous-titrage* visual ou de *sous-titrage* auditivo. (A respeito desse último, vale a pena citar a experiência japonesa relatada pelo autor: espectadores nipônicos assistindo à projeção de um filme ocidental, munidos de aparelhos de áudio que traziam para um dos ouvidos as explicações na língua original e para outro a sua tradução em japonês!)

O tradutor de notícias para a imprensa, esse também, trabalha numa atmosfera *sui generis*. Emancipado em larga escala do original, suas limitações são impostas pelas reações do público a que se dirige. E o tradutor técnico? Livre de entraves estéticos, fica escravizado ao sentido exato dos termos técnicos e à observação escrupulosa de suas equivalências — ultimamente estabelecidas por comissões especializadas, em que aos linguistas não mais cabe papel algum.

Há também os tradutores publicitários, geralmente funcionários de agências de publicidade, que obedecem, ainda, a outros imperativos. Seus *slogans*, em que o intuito de "promoção" domina outra consideração qualquer, vêm a influir cada vez mais (e nem sempre felizmente) na linguagem de todos os dias, como o documentam os exemplos alinhados por Edmond Cary.

Quantas informações curiosas, ainda, sobre a história da profissão de intérprete, dos turgimões do século XVI até os virtuoses poliglotas da tradução simultânea das nossas reuniões internacionais! E, como remate, um capítulo perturbador sobre a máquina de traduzir, em fase de constante experimentação. Quem não sentirá vertigem ao saber que a 701 IBM já está em condições de traduzir 2.700 palavras por minuto? Só nos sentimos aliviados ao compreendermos que, para realizar esse rendimento máximo, o apocalíptico engenho (por enquanto!) ainda precisa de *input* e *output*, isto é, adaptação prévia e arrumação ulterior, somente executáveis por milhares de cérebros humanos.[42]

Talvez esses tópicos, respingados nas páginas da obra, ofereçam ideia de como esta dá muito mais do que promete no título: informa, faz-nos raciocinar e até sonhar.

---

[42]Ver p. 153 e ss.

10. AS CILADAS DA TRADUÇÃO TÉCNICA

SEGUNDO NOS É DADO OBSERVAR, o ensino das línguas vivas, não obstante a renovação de seus métodos, está passando por grave crise. A escola secundária, antes com caráter seletivo, tende a transformar-se num simples prolongamento da primária e, portanto, numa escola de massas. Daí uma queda de nível inevitável e uma simplificação dos programas, que se traduz na redução do número de disciplinas. As primeiras vítimas dessa redução são as línguas vivas estrangeiras, tanto mais vulneráveis por se encontrarem na alça de mira de todo nacionalismo tacanho.

Enquanto o primeiro ciclo da escola secundária há de eliminar os idiomas estrangeiros por fundir-se com o curso elementar, o segundo ciclo não lhes reserva sorte melhor por procurar desde cedo impor à sua clientela uma especialização profissional temporã. Daí a preponderância cada vez maior que vem sendo concedida às matérias técnicas. A anunciada reforma (mais uma!) do nosso ensino secundário há de realizar-se nesse sentido.[43] É verdade que

---

[43] E foi mesmo realizada, com os resultados catastróficos que são do conhecimento público.

noutros países também se adotam medidas semelhantes, exemplificadas pela recente abolição, nos liceus franceses, do ensino da segunda língua estrangeira, mas o fato não serve de consolação.

Depois da extinção do latim, o ensino das línguas modernas constituía um dos últimos refúgios da chamada cultura geral. É essa cultura que está ameaçada de desaparecimento total, como luxo desnecessário e condenável.

A exclusão das línguas modernas dos currículos significará o fim de seu estudo? Evidentemente não: nesta época de comunicação que é a nossa a multiplicação dos contatos internacionais torna-o mais necessário do que nunca. O que vai acontecer é que os interessados vão procurar os cursos de idioma, oficiais — como os do Instituto Brasil-Estados Unidos, da Cultura Inglesa, da Aliança Francesa, do Instituto Goethe — e particulares. Pois é, mas todos esses cursos são pagos, só acessíveis a pessoas mais ou menos abastadas. Quer dizer que, sob pretexto de democratização do ensino, excluir-se-ão da possibilidade vital de aprender línguas estrangeiras precisamente os menos favorecidos.

(Dir-se-á que mesmo com os programas incluindo inglês e francês os alunos saíam da escola sem falar nenhum desses idiomas? Ainda assim, saíam conhecendo os seus rudimentos e o seu mecanismo, o que muito facilitava qualquer aprendizado ulterior.)

Outra consequência inesperada do desaparecimento das línguas vivas do currículo: a próxima valorização da profissão de tradutor. Enquanto o processo das ciências se torna vertiginoso e o intercâmbio dos resultados um imperativo categórico, há cada vez menos técnicos capazes de ler um livro escrito em língua estrangeira. Aí é que entram em campo os tradutores. Não os de poesia ou de ficção, mas os de obras científicas e técnicas. É de prever que em futuro próximo eles venham a formar uma classe considerada e bem-remunerada devido à imprescindibilidade de seu trabalho.

Daqui a dez anos, nossos jovens médicos, engenheiros, sociólogos, técnicos de qualquer especialidade, por não saberem consultar manuais em língua estrangeira, só poderão haurir conhecimentos em livros brasileiros, se não houver quem traduza os compêndios estrangeiros para eles.

Para que não faltem tradutores, impõe-se a criação a curto prazo, nos grandes centros culturais, de escolas de tradução permanentes em nível superior. Nelas se ensinariam de modo intensivo os idiomas estrangeiros, assim como a teoria e a prática da tradução, além das noções de cultura geral que as escolas comuns já não estão em condições de proporcionar.

Com muita razão afirmou o saudoso Pierre-François Caillé,[44] presidente da Federação Internacional dos Tradutores:

> Contrariamente ao adágio clássico, a tradução é uma escola de probidade. A fidelidade ao original, a necessidade de penetrar intimamente um pensamento estrangeiro, de pesar as palavras mais sutis, de se referir incessantemente

---

[44]No prefácio de *La Traduction Scientifique et Technique*. Paris, Eyrolles, 1969.

a uma indispensável cultura básica obrigam o tradutor a ver e exprimir-se com exatidão, a julgar e a compreender no sentido mais elevado desses dois termos.

As escolas de tradução não seriam, pois, meros órgãos de difusão de conhecimentos, mas também centros de educação, tanto mais eficientes quanto mais implícitos os seus efeitos educacionais.

Nessas escolas ensinar-se-iam lado a lado a tradução literária e a tradução técnica. Enganar-se-ia quem as julgasse dois domínios opostos ou mesmo separados.

> É certo que a tradução técnica não é de modo algum um exercício literário, mas, sendo o estilo na verdade a maneira de exprimir o pensamento com o auxílio dos recursos da língua, os mesmos problemas hão de surgir sempre, qualquer que seja o domínio no qual se exerce a atividade do tradutor,

afirma com toda a razão Jean Maillot.

Poucos fazem ideia da extensão e do volume atuais do trabalho de tradução técnica no mundo. Uma recente bibliografia da Unesco,[45] limitada aos dicionários bilíngues e plurilíngues, registra, apenas dentro do período 1950-1968, nada menos de 2.491 obras desse tipo, relativas a 263 setores, em 75 línguas. Entre os setores recenseados encontram-se

---

[45] *Bibliography of Interlingual Scientific and Technical Dictionaries.* Unesco, 5ª ed., 1969. *Bibliography of Monolingual Scientific and Technical Glossaries,* I. National Standards, II. Miscellaneous Sources. Unesco, 1959.

astronomia, cinemática, termodinâmica, magnetismo, mineralogia, oncologia, cibernética, embalagens, pesca, iluminação, correios, café, artes gráficas, urbanismo etc. Isso sem falar numa massa não menos considerável de glossários unilíngues, catalogada pelo professor Eugen Wüster, de Viena.

Em regra geral, o nível da tradução técnica é mais elevado que o da literária, pelo menos no que diz respeito à fidelidade. Um erro na versão de uma peça de Shakespeare, quando muito, indignará um crítico, mas na de uma bula de remédio ou de um formulário de materiais de construção pode ter consequências imprevisíveis. Por isso também os tradutores técnicos são escolhidos com mais rigor e ganham melhor do que seus confrades letrados. Por isso ainda os manuais que se lhes destinam contêm mais de uma lição prática para quem se dedica à versão de literatura pura.

Foi o que aprendi nesse precioso livro de Jean Maillot, *La Traduction Scientifique et Technique*, manancial de informações curiosas e conselhos úteis. Destaco entre seus valiosos ensinamentos o que recomenda ao tradutor impregnar-se do seu assunto nas duas línguas, oferecendo-lhe os meios de alcançar essa impregnação.

Vários de seus conselhos, como verifiquei com muita alegria, coincidem com sugestões que há anos eu mesmo formulei para os tradutores de obras literárias na primeira edição desta obra. O que demonstra que toda tradução, para ser bem-feita, deve obedecer a algumas regras fundamentais, tanto técnicas quanto éticas. O assunto interessa não só aos tradutores, mas a todos aqueles que lidam com línguas.

Quantas vezes o tradutor de literatura, desanimado com a inexistência, em seu idioma, de palavras equivalentes às do texto que lhe cabe traduzir, pensa com inveja no seu colega, o tradutor técnico. Esse, pelo menos, opera com palavras de sentido claro e bem circunscrito, designativas de objetos, processos e fenômenos perfeitamente definidos e às quais correspondem termos de clareza igual.

Como essa ideia não passa de ilusão, verificamo-lo ao ler esse livro excelente. Mostra ele como a polissemia, essa enfermidade da linguagem (que lhe enfraquece a lógica, enquanto a torna apta à expressão poética), invade o domínio da terminologia científica. Ainda bem quando aparece apenas num dos equivalentes em presença; a tarefa complica-se quando ambos os termos são polissêmicos.

A sua exemplificação, que tentarei adaptar ao português, põe em evidência o fenômeno. Em eletrotécnica, ao nosso vocábulo "resistência" correspondem dois termos ingleses, *resistance* e *resistor*. O tradutor brasileiro os verterá ambos indiferentemente pela palavra portuguesa; a dificuldade surgirá para o tradutor inglês, que terá de operar uma escolha cada vez que esbarrar nela, devendo traduzi-la por *resistance*, quando se tratar da propriedade que têm os condutores elétricos de se opor à passagem da corrente elétrica, e de *resistor*, em se tratando de peça má condutora encaixada num circuito. Igual o caso do nosso adjetivo "elétrico", ao qual correspondem em inglês ora *electric*, ora *electrical*. Quanto ao nosso substantivo "frequência", o alemão há de traduzi-lo por *Häufigkeit*, quando usado em sentido geral, e por *Frequenz*, quando designar o número de oscilações de um movimento vibratório por segundo. Por sua vez, "econômico" será traduzido em russo ora por *ekonomítchni* (= pouco dispendioso), ora por *ekonomítcheski* (= relativo à economia).

Outro escolho é representado pela sinonímia que a linguagem técnica, por mais que o deseje, não consegue eliminar, como o demonstram os pares de sinônimos "álcali volátil" e "amoníaco", "ácido muriático" e "ácido clorídrico", "vitríolo azul" e "sulfato de cobre".

Terceiro óbice: as variantes nacionais nas línguas faladas em mais de um país. O que em Portugal é "elétrico", entre nós é "bonde"; o *téléimprimeur* de França tem nome de *téléscripteur* na Suíça; o equivalente alemão de "aparelho" é *Gerät* na Alemanha e *Apparat* na Suíça alemânica; o equivalente inglês de "silencioso" só é *silencer* em Londres, pois em Nova York chamam-no de *muffler*.

A existência de termos semelhantes é outra fonte possível de erros. Como em francês existem *isolation* e *isolement*, em alemão há *Isolation* e *Isolierung*; só que ao *Isolation* alemão quase nunca corresponde o *isolation* francês, e sim o *isolement* dessa mesma língua.

As expressões metafóricas usadas em terminologia técnica também encobrem ciladas: onde o inglês fala em cotovelo, o russo falará em joelho.

Os homônimos na língua do original, aos quais não correspondem homônimos na da tradução, são outros tantos perigos: assim o inglês *lead*, "comando" e "chumbo"; o alemão *Leiter*, "escada" e "condutor". Os parônimos, como "prescrever" e proscrever", ou, em alemão, *Netze* ("redes") e *netzen* ("molhar") são outras tantas pedrinhas no caminho do profissional.

É frequente os termos mais internacionais não recobrirem nas diversas línguas o mesmo campo semântico: "máquina" e "aparelho" ou suas variantes existem em todos os idiomas ocidentais, mas a distinção entre os dois termos nunca é exatamente igual.

Ainda que o tradutor supere todas as dificuldades da terminologia técnica, só poderá fazer trabalho satisfatório se manusear com igual eficiência os termos não técnicos: verbos, pronomes, conjunções e preposições. *Shall* e *should*, por exemplo, indicam em linguagem técnica obrigação "contratual" (não física, nem moral), mas a segunda dessas formas, em vez de ser uma flexão da primeira, representa uma atenuação, exprimindo recomendação, ao passo que aquela vale por uma prescrição. Mas, cuidado: a distinção só é nítida quando as duas formas são empregadas concomitantemente. Os verbos alemães *dürfen*, *sollen* e *müssen* distinguem-se por matizes só percebíveis por quem possui bastante familiaridade com o espírito do idioma.

Mais de uma vez a preferência alemã por substantivos compostos torna-se um alçapão para o tradutor brasileiro, hesitante quanto à escolha da preposição para ligar os elementos insuscetíveis de fusão em português. Acresce que às vezes o equivalente não se obtém pela análise dos termos da composição: pode ser um termo simples da língua para a qual se traduz. Em compensação, em inglês há uma alternância, não enquadrável em qualquer regra, de substantivos compostos e de substantivos ligados pela preposição *of*.

A diferente estrutura de duas línguas pode em determinados casos obrigar o tradutor a mudar tempos ou modos verbais, a verter substantivo por verbo, adjetivo por advérbio, ou ainda substituir uma palavra por uma oração inteira — tal como acontece na tradução de intuito estético. A ausência do artigo em russo, a mobilidade e variedade dos prefixos verbais em alemão, a preferência de certas línguas pela voz passiva, de outras pela ativa, de outras ainda pela reflexiva, são outras tantas características que, quando não observadas com a devida atenção, podem induzir a interpretações erradas.

A praxe das línguas difere no que diz respeito à maneira de repetir os substantivos compostos: umas reproduzem-nos na íntegra, outras reiteram apenas um dos elementos. Onde a estrutura entra em jogo é na substituição dos nomes por pronomes, dos quais cada língua oferece escalas divergentes.

Outro aspecto a considerar — e aqui se patenteia a necessidade de uma boa base cultural — é a divergência entre as instituições dos diversos países em decorrência de fatores da evolução histórica. Nem todos os países têm, como nós, ministérios do Planejamento ou da Viação, enquanto nós por enquanto nada temos de parecido com o *Ministère de l'Environnement* da França. À *École Normale Supérieure* de Paris faltam analogias noutras capitais. Os exemplos poderiam ser multiplicados indefinidamente.

Procurando orientar os tradutores, Jean Maillot recomenda-lhes instrumentos de trabalho, alertando-os simultaneamente quanto às imperfeições de cada um desses instrumentos. Não só os dicionários bilíngues comuns, mas mesmo os técnicos devem ser usados com cautela. Com efeito, a maioria limita-se a alinhar as acepções dos termos polissêmicos por ordem de frequência, o que pouco ajuda o consulente. Os melhores dentre eles assinalam ao lado dos equivalentes sucessivos o seu campo de aplicação, o que, de certa maneira, substitui um contexto mínimo. São controlados utilmente por meio de glossários técnicos unilíngues. Ainda assim, uma confiança excessiva nos dicionários, desacompanhada do bom conhecimento da estrutura e dos idiomatismos da língua para a qual se traduz, pode produzir monstrengos, como o famigerado guia de conversação inglesa de Pedro Carolino,[46] reeditado desde 1882 periodicamente como exemplo ao mesmo tempo horrífico e hilariante de como não se deve traduzir.

Os dicionários técnicos multilíngues estão sujeitos às mesmas falhas que os bilíngues, com margem de erros ainda maior quando elaborados por uma só pessoa. Maillot censura-os por incluírem em excesso elementos da língua comum em detrimento de termos estritamente técnicos.

Tão importante como a posse de bons dicionários é a de uma documentação técnica que cada tradutor há de compor para si e constante de obras de consulta gerais, enciclopédias, monografias sobre assuntos que mais se aproximam do da tradução a ser feita, e, sobretudo, modos de usar, bulas, catálogos dos fabricantes, mas só quando redigidos na língua deles. Essa documentação, diferente no caso de cada tradutor, precisa ser mantida em dia.

---

[46] *English as She is Spoke. The New Guide of the Conversation in Portuguese and English*, de Pedro Carolino (José da Fonseca). Com introdução de Mark Twain. Nova York, Dover Publications, Inc., 1969.

Por essas poucas anotações, avaliar-se-á a riqueza de sugestões que no livro de Maillot encontram não apenas os tradutores, mas toda pessoa que lida com textos técnicos ou científicos em língua estrangeira. Estamos longe de ter-lhe esgotado os assuntos, pois nele são versadas ainda a normalização na documentação e na terminologia, a transcrição e a transliteração de nomes estrangeiros, a conversão de medidas, a interpretação de abreviaturas e siglas, e até questões de pontuação e de apresentação tipográfica.

Um apêndice trata do vocabulário químico, de interesse especial porque poderia ser o domínio ideal da monossemia — se o mesmo corpo não tivesse nomes diferentes quando designado por um mineralogista, um químico ou um farmacêutico. Por outro lado, em tradução as equivalências estão longe de ser perfeitas, especialmente quando a língua alemã está envolvida: ela com efeito ainda hoje prefere a derivados homogêneos uns termos tradicionais, anteriores ao nascimento da química moderna, eivados de reminiscências alquímicas.

Pouco tempo depois de publicado este artigo, recebi e aceitei convite da Editora da Universidade de Brasília para traduzir a obra de Jean Maillot para a nossa língua. Essa versão foi editada em cooperação com a McGraw-Hill do Brasil em 1975.

11. CONFIDÊNCIAS DE TRADUTORES

NASCI NUM PEQUENO PAÍS situado no âmago da Europa, no cruzamento das mais variadas correntes espirituais, mas de idioma completamente isolado. Preocupados com a sua integração espiritual na comunidade europeia, os intelectuais de todas as épocas não somente estudavam línguas, mas se empenhavam em traduzir as obras-primas das literaturas estrangeiras. A bagagem poética dos maiores poetas magiares sempre inclui traduções: Csokonai verteu Pope; Vörösmarty, Arany, Petöfi transplantaram Shakespeare; Baudelaire teve tradutores como Ady, Árpád Tóth e Babits. Este último consagrou, aliás, parte da existência à versão de Dante, como já antes dele Arany não julgara perder tempo levando anos a interpretar Aristófanes. Na Hungria, as traduções eram sempre comentadas e discutidas, pelo menos tanto quanto as obras originais. Todos acreditávamos nestas palavras de Babits:

> Confessarei, aliás, que o trabalho de tradução é a meus olhos coisa bem mais importante do que se pensa. A vida psíquica dos homens não tem outro tabique tão forte como a linguagem. É, com efeito, graças à linguagem

que se consegue pensar; ora, a faculdade de adaptação da linguagem herdada é tão pequena que a gente não pode, por assim dizer, conceber senão o que a língua permite. Assim, pois, a tradução, que força uma língua a dobrar-se acompanhando as curvas de um pensamento estrangeiro, é, mais ou menos, o único meio de comunhão espiritual requintada entre as nações.[47]

Devo a tais reminiscências o interesse que me leva a voltar a esse assunto tão pouco estudado e que me faria acrescer à biblioteca dos candidatos a tradutor uma pequena antologia, ainda inexistente, que se poderia compilar dos prefácios em que os tradutores fazem confidências ao público, explicando os seus processos e os seus truques, confessando seus fracassos, queixando-se das dificuldades do ofício. Faz tempo, ando anotando o que há de aproveitável nessas advertências, prefácios, preâmbulos e notas de tradutor que tantas vezes nem sequer se leem.

Em tais notas, de vez em quando, encontro desabafos do tradutor, que reclama para o seu trabalho a fiscalização da crítica. Os contemporâneos, pouco compreensivos, riram da ênfase com que o adolescente Leopardi, ao publicar sua versão do primeiro canto da *Odisseia*, "se ajoelhava diante de todos os literatos da Itália para implorar-lhes que lhe comunicassem, pública ou particularmente, o seu parecer"[48]

---

[47]Michel Babits. "En Traduisant Dante". *In: Nouvelle Revue de Hongrie*, número de maio de 1939.

[48]*Tutte le Opere*, de Giacomo Leopardi, editado por Francesco Flora. Milão, Mondadori Editore, 1945; vol. I, p. 616.

sobre aquela tentativa; entretanto essa atitude me parece mais razoável do que a dos intérpretes que, prevendo julgamentos superficiais e apressados, desafiam os críticos a mostrarem pelo exemplo o que é tradução, como fez Fray Luis de León ao prefaciar suas traduções de poetas latinos:

> *El que quisiere ser juez pruebe primero que cosa es traducir poesías elegantes de una lengua extraña a la suya, sin añadir ni quitar sentencia, y guardar cuanto es posible las figuras del original y su donaire y hacer que hablen en castellano, y no como extranjeras y advenedizas, sino como nacidas en él y naturales.*[49]

Mesmo que não se aprove o desafio, deve-se reconhecer que o período oferece excelente critério para aquilatar o valor das traduções.

É, aliás, natural nos grandes tradutores de todos os países a ânsia de definirem tradução.

Uma das definições mais certas me parece a que encontrei no prefácio da versão espanhola de *Ulysses*, feita por J. Salas Subirat: "Traduzir é a maneira mais atenta de ler."[50] Precisamente esse desejo de ler com atenção, de penetrar melhor obras complexas e profundas, é que é responsável por muitas versões modernas, inclusive dessa castelhana de Joyce.

---

[49]Fray Luis de León. *Poesías completas*, tomo I. Buenos Aires, Editorial Sopena Argentina, 1942; prólogo.
[50]James Joyce. *Ulisses*. Trad. de J. Salas Subirat. Buenos Aires, Santiago Rueda ed., 1945; prefácio.

No fim da Idade Média e no começo da moderna, houve frequentemente, ao lado desse objetivo, o de demonstrar que a própria língua, ainda rude e nova, já chegara à fase de maturidade e conseguia exprimir toda a riqueza de matizes do original. É o que afirma Fray Luis de León no prefácio já citado em relação ao castelhano; é o que Ronsard quer demonstrar em relação ao francês quando imita e traduz Píndaro.

Além do esforço de circunscrever o conceito de tradução e de explicar-lhe o intuito, é frequente encontrar no limiar de versões de obras-primas já traduzidas anteriormente a justificação da nova tentativa.

> É a sorte comum das traduções gastarem-se com o tempo. O espírito que criou o original continua a ficar, de qualquer maneira, a substância secreta, inanalisável e não transplantável do original, e a versão, na ausência desse grande espírito, empalidece, mal começa a enferrujar-se a aparelhagem técnica da geração do tradutor. Cada tradução é o eco fragmentário de alguma música eterna,

escreveu Árpád Tóth, o poeta que recriou em húngaro a *Balada do cárcere de Reading*,[51] de Oscar Wilde.

Muitas vezes os tradutores entram a expor problemas de detalhe, inerentes à língua de que traduzem, confiando-nos os seus segredos de ateliê. Por exemplo: um tradutor de Terêncio, Victor Bétolaud (como muitos outros intérpretes

---

[51]Oscar Wilde. *A Readingi Fegyház Balladája*. Forditotta Tóth Árpád. Budapeste, Athenaeum, 1921; prefácio.

de obras clássicas), discute a questão do tratamento, sempre igual em latim, diferente em francês segundo a respectiva situação dos interlocutores. "Resolvemos", conclui,

> mandar tratar por *vous* os maridos pelas mulheres, os senhores pelos escravos, os namorados pelas namoradas, ou pelas cortesãs; e, vice-versa, os maridos, os senhores e os namorados tratam sempre por *tu* as respectivas mulheres, escravos, namoradas e cortesãs.[52]

E. V. Rieu, autor de uma recente versão inglesa da *Odisseia*, considera indispensável, como muitos de seus predecessores, entrar numa análise das expressões e frases estereotipadas e dos epítetos permanentes que caracterizam o estilo homérico, procurando distinguir entre clichês adotados inconscientemente pelo poeta (pensar que já na época de Homero havia clichês!) e repetições propositadas, cheias de intenções.[53]

As revelações mais curiosas encontram-se nos preâmbulos das versões de obras exóticas sobre os originais e as línguas em que eles são escritos. Frans de Ville, autor de uma versão francesa do *Çakuntalá*, obra clássica do teatro hindu, comunica-nos, por exemplo, que a peça original é escrita em várias línguas: as personagens de categoria social elevada, deuses, reis e brâmanes, falam o sânscrito; os

---

[52]Terêncio. *Comédies*. Trad. por Victor Bétolaud. Paris, Garnier Frères, s.d.; prefácio.
[53]Homero. *The Odyssey*. Trad. por E. V. Rieu. Nova York, Penguin Books, Inc., 1946; introdução.

camponeses, o prácrito, e assim por diante.[54] Dificuldade ainda maior é constituída por um dos principais recursos do idioma sânscrito, sua capacidade aglutinante: os poetas têm o direito de formar palavras de comprimento ilimitado, que podem ter sentidos diferentes segundo a maneira por que são dissecadas. O pior é que todos esses sentidos podem justificar-se no contexto em que aparecem. Muitos poetas repetem literalmente o mesmo verso, dando-lhe porém cada vez sentido diverso. Podendo cada elemento dessas palavras longas admitir significação diferente daquela que se adotou na tradução, o conjunto possui vários sentidos totalmente diversos, embora sempre compatíveis com o contexto. O exemplo dado por Frans de Ville é mesmo de estarrecer: devido ao fenômeno de isomeria linguística, um desses compostos pode significar simultaneamente "as flores que têm delicadas pontas de estames" e "cachos de cabelos de lindos rapazes", e nenhum dos sentidos possíveis destoa do contexto! Essa confissão pode dar-nos uma ideia não somente das dificuldades da tradução, mas também das inesgotáveis possibilidades poéticas daquele idioma, ausentes de nossas línguas suprarracionalizadas.

Queixas iguais encontramos na tradução de Michel Revon à sua *Antologia da literatura japonesa*, em francês, pois, "de maneira geral, o idioma japonês é extremamente vago e autoriza frequentemente, para o mesmo trecho, grande

---

[54]Kâlidasa. *Çakuntalâ*. Texto traduzido do sânscrito e anotado por Frans de Ville. Collection Lebègue, 3ª série, nº 31. Bruxelas, Office de Publicité, 1943.

número de interpretações".[55] A compreensão é tanto mais difícil quanto os poetas japoneses preferem as alusões às afirmações claras, e gostam de deixar ao leitor o prazer da descoberta do sentido provável. Assim, o seguinte haicai, aliás muito belo:

> *Do sono que vi*
> *Acordada, sempre a cor*
> *Das íris!*

exprimiria o adeus à existência de uma poetisa, a qual, acordada do sono da vida (quer dizer: morta), nota que o mundo continua e as íris terão sempre a mesma cor.

Testemunhos como estes ajudam-nos a compreender melhor a intransponibilidade de certas barreiras não apenas linguísticas, mas que se alicerçam em fundas divergências de tradição e mentalidade. Steinilber-Oberlin e Hidetaké-Iwamura, que traduziram, em parceria, uma coletânea de *Canções de gueixas*, procuram explicar ao leitor francês o que são as "palavras-travesseiro", escolhos ante qualquer tentativa de levar as literaturas do Extremo Oriente ao alcance dos ocidentais:

As palavras-travesseiro são palavras tradicionalmente aparentadas e que evocam, por conseguinte, a mesma ideia; assim, por exemplo, "esposa" e "tenra", ou "céu" e "eterno"? Estamos citando termos cujas afinidades se

---

[55]Michel Revon. *Anthologie de la Littérature Japonaise des Origines au XXe Siècle*. Paris, Librairie Delagrave, 1919; introdução.

compreendem facilmente. Em muitos casos, porém, a coisa é diferente e precisa-se de toda uma educação especial, do conhecimento das expressões da literatura clássica para se apreender o que o autor pretendeu exprimir. Em tais palavras encostam-se, como que num travesseiro, outras expressões refletindo ideias que se harmonizam com elas.[56]

A parte humanamente mais preciosa e mais comovedora de muitas "notas de tradutor" é, decerto, a explicação que nos dão da atração que levou o intérprete a escolher o original: a verificação defuma afinidade íntima (como no caso de Baudelaire, tradutor de Poe), a descoberta entusiástica de uma obra-prima (como quando Goethe se apressou em verter *O sobrinho de Rameau*, de Diderot), ou ainda a sensação de se encontrar em transe parecido ao em que já se debateu o grande escritor estrangeiro, o qual se torna assim um irmão na infelicidade. Foi esse o caso de meu amigo István Vas, autor de uma versão húngara de Villon, feita num campo de concentração nazista em 1940:

> Esta tradução não foi feita com o piedoso intuito de mostrar ao público o verdadeiro Villon. Tenho pouca tendência para pedagogo... Aconteceu apenas que as duas experiências substanciais de Villon, a dança da morte e o degredo, se tornaram no verão passado minhas próprias experiências principais. E quando, nessa época, *O grande*

---

[56] *Chansons de Geishas*. Traduzido pela primeira vez do japonês por Steinilber Oberlin e Hidetaké-Iwamura. Paris, G. Crès, 1926; introdução.

testamento me veio cair nas mãos, essa alma nua entre terra e céu prendeu-me irresistivelmente e me fez pegar da pena.[57]

Essa identificação do tradutor com o traduzido na humilhação e no sofrimento deve ter contribuído para a tradução haver saído uma autêntica obra-prima.

---

[57] *François Villon Nagy Testamentuma*. István Vas forditása. Budapeste, Officina, 1940; prefácio.

12. PASCAL PARA BRASILEIROS

A DIFUSÃO EUROPEIA DO LIVRO, organizada em São Paulo com capitais franceses, apresentou-se no mercado brasileiro do livro pelo lançamento, em traduções portuguesas, das novidades que maior êxito estavam alcançando em Paris. A iniciativa implicara o reconhecimento de uma realidade não percebida por muito tempo pelos círculos intelectuais franceses, a saber que existia no Brasil um grande público interessado em conhecer a literatura francesa, mas que já não sabia o francês. Daí a alternativa: satisfazer-lhe a curiosidade por meio de tradução ou deixar que ele se desvie para culturas no momento mais atuantes, como a norte-americana. A aceitação favorável dos volumes simpáticos da Difel, que se sucederam num ritmo intenso, mostrou que seus dirigentes acertaram ao adotarem a primeira solução.

Assim, pois, a firma europeia já estava desempenhando interessante atividade cultural antes mesmo de iniciar um novo empreendimento ainda mais importante do que o anterior: a publicação em português dos "Clássicos Garnier", de tão justificada popularidade dentro e fora da França. Os volumes dessa série, tão barata quanto útil, passaram sucessivamente por vários aperfeiçoamentos; além de sensível

99

melhora do aspecto gráfico, os textos saíam cotejados com as edições mais fidedignas e acompanhados de introduções e notas de especialistas. Tenho-me valido inúmeras vezes dessa preciosa aparelhagem, especialmente no preparo da edição brasileira de *A comédia humana*, e só posso referir-me com palavras de louvor e gratidão à probidade despretensiosa, à inteligência lúcida e à erudição esclarecida dos universitários franceses, cujo trabalho nessa coleção podia em geral ser considerado modelar.

Tenho, pois, todos os motivos para saudar com regozijo esse reaparecimento da velha Casa Garnier, de nome inseparavelmente ligado à história da literatura brasileira.

Um exame rápido do primeiro volume da coleção, os *Pensamentos* de Blaise Pascal,[58] sugere-me algumas observações talvez aproveitáveis na organização dos volumes a seguir.

Não cabe aqui uma apreciação nem sequer sumária desses grandiosos fragmentos da vasta obra apologética interrompida pela morte do autor, e que, mesmo assim, contém uma das dissecações mais pungentes da condição humana, exibindo-lhe com agudeza cruel as contradições e as fraquezas. Esses axiomas são vazados num estilo dos mais perfeitos em sua naturalidade e seu despojamento, e que exige novas traduções periódicas para operar no espírito do leitor estrangeiro de cada época um efeito imediato e poderoso, semelhante ao que exerceu no espírito dos contemporâneos franceses.

---

[58]Pascal, *Pensamentos*. Introdução e notas de Ch. M. Des Granges. Tradução de Sérgio Milliet. "Clássicos Garnier", da Difusão Europeia do Livro, São Paulo, 1957, 294 p.

A editora encontrou um tradutor excelente na pessoa de Sérgio Milliet, igualmente indicado pela sua inteligência crítica, a sua fina sensibilidade e as raízes francesas da sua extensa cultura. A sua tradução, correta, flexível, de leitura agradável, mantém as principais características do original. Teria gostado de compará-lo com os trabalhos de seus vários predecessores, mas só tive à mão, no momento, uma única versão em português, a de Paulo M. Oliveira, da Atena Editora (São Paulo, s.d.). O confronto dessa versão com a de Sérgio Milliet mostra que este, embora tenha aproveitado trechos inteiros do trabalho de seu antecessor, soube divergir dele quando a interpretação carecia de exatidão, clareza ou elegância. Três exemplos apanhados ao acaso hão de exemplificar o que afirmo (a tradução de Sérgio Milliet figura em segundo lugar; os números correspondem à numeração dos fragmentos na edição em tela):

> 46. *Diseur de bons mots, mauvais caractère.* ("Dizedor de boas palavras, mau caráter.") "Fazedor de frases de espírito, mau caráter." O tradutor anterior cometera aqui um verdadeiro contrassenso; Sérgio Milliet restabeleceu o sentido do original.
>
> 472. *Nous ne nous tenons jamais au temps présent. Nous anticipons l'avenir comme trop lent à venir, comme pour hâter son cours; ou nous rappelons le passé, pour l'arrêter comme trop prompt: si imprudents, que nous errons dans les temps qui ne sont pas nôtres, et ne pensons point au seul qui nous appartient; et si vains, que nous songeons à ceux qui ne sont plus rien, et échappons sans réflexion au seul qui subsiste.* ("Não ficamos

nunca no tempo presente. Antecipamos o futuro como demasiado lento para vir, como para apressar o seu curso; recordamos o passado, para pará-lo, como demasiado rápido: tão imprudentes, que erramos nos tempos que não são nossos e não pensamos só no que nos pertence; e tão vãos que sonhamos com os que não são mais nada e evitamos sem reflexão o único que subsiste.") "Não ficamos nunca no tempo presente. Antecipamos o futuro, por chegar demasiado lentamente, como para apressar-lhe o curso; recordamos o passado, para detê-lo, por demasiado rápido: tão imprudentes, que erramos nos tempos que não são nossos e só pensamos no que nos pertence; e tão vãos, que sonhamos com os que já não existem e evitamos sem reflexão o único que subsiste." Observe-se de passagem que *nous errons* se traduziria talvez melhor, para evitar ambiguidade, por "vagueamos".

80. *D'où vient qu'un boiteux ne nous irrite pas, et un esprit boiteux nous irrite? A cause qu'un boiteux reconnaît que nous allons droit et qu'un esprit boiteux dit que c'est nous qui boitons; sans cela nous en aurions pitié et non colère.* ("Como se explica que um coxo não nos irrite, e que um espírito coxo nos irrite? É que um coxo reconhece que andamos direito, e um espírito coxo diz que somos nós que coxeamos; sem isso, teríamos piedade dele e não raiva.") "Como se explica que um coxo não nos irrite e um espírito coxo nos aborreça? É que o coxo reconhece que andamos direito, e um espírito coxo afirma que nós é que mancamos; se assim não fosse teríamos piedade e não raiva."

Vê-se, mesmo por essas poucas amostras, que se trata de trabalho de real valor, digno de aplauso. Mas, visto que o volume se apresenta ao mesmo tempo como o primeiro de uma coleção, não nos parece descabido arriscar alguns reparos, que talvez possam ser levados em consideração pelos editores nos volumes sucessivos.

Com todo o respeito que nos inspira a excelente apresentação do professor Des Granges, parece-nos discutível traduzir mera e simplesmente, junto a um texto clássico, toda a aparelhagem crítica — introdução, cronologia, notas etc. — que aparece na edição francesa. Sendo o volume destinado a leitores que não leem o francês, de que serve, por exemplo, a bibliografia sumária da página 3, composta unicamente de títulos franceses? (Ela seria utilmente substituída por outra, ainda que mais modesta, de ensaios brasileiros e portugueses relativos a Pascal.) Da mesma forma, carecem de razão de ser notas de pé de página como esta: "Ler o Testamento de Pascal e os documentos relativos à sua doença em Brunschvicg, t. X, p. 295."

O prefácio de Des Granges relata, sobretudo, a história do texto dos *Pensamentos*, acidentada como poucas obras literárias a tiveram. Com efeito, cada editor adotou, pelo menos até os trabalhos de Leon Brunschvicg, critério diferente na arrumação desses fragmentos desordenados. Falando a um público versado na história intelectual da França, o autor estava dispensado de situar Pascal dentro do panorama espiritual da época e de resumir as características do movimento jansenista, no qual ele desempenhou papel tão importante. Esse fato, natural numa edição francesa, transforma-se em lacuna na edição brasileira, lacuna de modo algum compensada pela inclusão da *Vida de Pascal*, escrita por sua irmã, Mme Périer, para leitores contemporâneos mais do que suficientemente enfronhados nas discussões entre jesuítas e jansenistas; por isso mesmo, a autora restringia-se a dar um retrato íntimo, aliás de grande beleza, do irmão admirado.

Faz falta, ao nosso ver, uma introdução geral de autoria de um erudito brasileiro que explicasse de maneira concisa aos leitores do Brasil, cujos antecedentes culturais tanto diferem dos leitores franceses, o *background* artístico, religioso, filosófico e filológico de um dos textos mais densos e mais perturbadores da literatura mundial. Não temos a menor dúvida de que o próprio tradutor se teria desempenhado com brilho dessa tarefa eminentemente didática.

Temos a impressão de que o valor desse volume seria sensivelmente aumentado pelo acréscimo, na próxima edição, de um índice analítico (como o que se promete em apêndice à tradução do *Emílio*, de Rousseau). Numa obra fragmentária como essa de Pascal, cujo plano ficou prejudicado pelo inacabamento, o leitor não pode guiar-se pela concatenação das ideias ou pela lógica da estrutura; um índice é tanto mais necessário quanto se trata de um desses livros que raramente se leem de maneira corrida, mas frequentemente se consultam.

13. LACLOS QUATRO VEZES, PARA QUÊ?

A PUBLICAÇÃO EM PRAZO relativamente curto de nada menos de quatro traduções de uma obra clássica é fato bastante raro para provocar curiosidade. Que foi que fez de *Les Liaisons Dangereuses*, de Choderlos de Laclos, escrito em 1781, a obra estrangeira mais procurada pelos editores brasileiros?

Trata-se, na verdade, de um desses livros que, constituindo toda a obra de seus autores, bastam para lhes granjear imortalidade. Estranho romance que tem como assunto a gratuita conspiração de um casal demoníaco para espalhar o mal e a corrupção em torno de si. Considerado escandaloso por uns, moralizador por outros, é um dos livros mais famosos do *second rayon* (como Emile Henriot qualifica os produtos da literatura libertina), e, na sua fria objetividade, antecipa muitos escritores contemporâneos que se propõem representar o amoralismo da geração transviada.

Se essa "atualidade" era responsável pelo filme que dele há pouco extraíram Roger Vadim e Roger Vailland transpondo o enredo para um ambiente moderno, não foi, decerto, o único motivo da proliferação das traduções brasileiras, devida também à falta de coordenação dos nossos programas editoriais.

Em 1947, a José Olympio publicou *As ligações perigosas* em tradução do saudoso Osório Borba e, simultaneamente, a Globo editou-o sob o título de *As relações perigosas*, vertido por Carlos Drummond de Andrade. Bastaria a existência de um desses trabalhos, assinados por quem os assinou, para dispensar, pelo menos até o fim do século, o aparecimento de qualquer nova tradução. Entretanto, em 1961 sai outra versão, com o título de *As relações perigosas*, pela Difusão Europeia do Livro, e em 1962 uma quarta, pela Editora Vecchi, que reassume o nome de *As ligações perigosas*.

Os editores das duas últimas traduções parecem desconhecer completamente as duas primeiras. O exemplar da Difusão Europeia do Livro não as menciona nem nas "orelhas" nem na introdução, e entre as opiniões sobre Laclos não cita nem a de Wilson Lousada, que introduziu a tradução de Osório Borba, nem a de Carlos Drummond de Andrade, que fez anteceder a própria de um prefácio verdadeiramente magistral.

O exemplar da Editora Vecchi vai mais longe, reivindicando com altivez para si, no texto das "orelhas", uma prioridade inexistente:

> A presente edição em língua portuguesa é prova evidente do alto progresso cultural atingido por nosso país, onde um editor de vistas largas publica um livro que por muito tempo foi rudemente combatido em sua própria pátria, a França.

Além do lamentável desperdício de esforço que representam essas duas novas traduções, levantam alguns problemas de apresentação que, embora insignificantes à primeira vista, podem alterar toda a impressão do leitor.

É preciso lembrar que o romance reveste a forma, frequente na época, de correspondência. As cartas trocadas entre meia dúzia de pessoas da alta sociedade, e vazadas na linguagem inconfundível do século XVIII, distinguem-se por traços estilísticos pessoais, característicos de cada protagonista. No decorrer de toda a obra, o autor não intervém em seu próprio nome. Isto é, a sua intervenção limita-se a uma nota inicial, em que, seguindo outra prática do tempo, se designa como mero adaptador de uma correspondência *existente*, e aponta como provas de autenticidade essas divergências individuais de estilo. Ao mesmo tempo, para prevenir o escândalo provável, afirma suas intenções moralizadoras ao publicar a coleção de cartas. Afinal, em algumas notas de pé de página pretende ora ter encontrado certas cartas cuja existência se infere das outras, ora ter suprimido algumas que não interessavam ao leitor.

Anteposta a esse prefácio do "redator", uma advertência do "editor" procura destruir tais álibis, deixando entender que o livro é mesmo uma obra de ficção. Na realidade, advertência e prefácio, aquela ironicamente desaprovadora, este aparentemente justificativo, saíram ambos da pena de Laclos e visam ao mesmo objetivo: aguçar a curiosidade do leitor. É, pois, evidente que os dois constituem parte inalienável da obra.

Por isso mesmo, lamenta-se que a Editora Vecchi tenha cortado essas duas notas, coisa tanto mais incompreensível quanto manteve a breve nota final do "editor", explicando logo depois ser este idêntico ao próprio autor.

Se a edição da Difusão Europeia do Livro, publicada na valiosa série dos Clássicos Garnier, não se ressente de semelhantes omissões, apresenta outras falhas, que assinalamos no intuito de colaborar para o aperfeiçoamento de uma iniciativa de alto valor cultural. A mais grave, a nossos olhos, é a falta do nome do tradutor.[59] Outra, só explicável por um lapso, é a ausência no frontispício do nome do próprio autor. Por outro lado, cabia acompanhar a advertência e a nota final do pseudoeditor, a que me referi, de uma nota que explicasse o sentido peculiar do termo.

A ausência dessa explicação deve-se ao fato de a Difusão Europeia ter se limitado a reproduzir as notas de Yves le Hir constantes da edição francesa da Casa Garnier, onde elas prestam excelente serviço, enquanto na edição brasileira muitas dentre elas perderam o sentido. Ao pé da página 13, onde se trata de uma velha tia "cujos bens já estão todos legados", encontra-se, por exemplo, em relação à última palavra, esta explicação: "Esse termo jurídico designa a disposição pela qual uma pessoa é chamada após outra a uma sucessão." Eis uma explanação que torna incompreensível o que estava perfeitamente claro. Recorrendo à edição francesa de Le Hir, leio: "*Une vieille tante dont tous les biens sont substitués.*" Aí, sim, havia necessidade de explicar que "*ce terme juridique désigne la disposition par laquelle une personne est appelée à une succession après une autre*". Mais adiante (p. 107) esta frase: "Seu marido tem o mais belo bosque do mundo, que conserva cuidadosamente para os prazeres de seus ami-

---

[59]Segundo informações não oficiais, seria Sérgio Milliet.

gos", é comentada assim: "Tipo dos trocadilhos grosseiros muito ao gosto dos libertinos do século XVIII" — mas, no caminho do francês ao português, o trocadilho perdeu-se. Na página 178, após a carta 87, lê-se outra nota que desafia a acuidade de qualquer leitor: "Nas Edições, aqui acaba a segunda parte." Levei tempo a descobrir que a edição francesa de Le Hir que serviu de original para o texto da Difusão foi feita na base não das edições anteriores, e sim do manuscrito; mas, a esse respeito, nada consta do volume brasileiro. Nota semelhante serve para desorientar o leitor depois da carta 124: "Aqui acaba, nas Edições, a terceira parte." Observemos ainda que, numa nota da página 83, o comediógrafo francês Alexis Piron é confundido com Pirro (Pyrrhon), filósofo grego da Antiguidade, e, o que é pior, esse erro é atribuído a Laclos. Foi por causa de tais armadilhas que, ao organizar a edição brasileira de *A comédia humana*, de Balzac, me abstive de simplesmente reproduzir as notas de qualquer edição francesa, por melhor que fosse.

(Para ser exato e, talvez, prestar serviço em caso de eventuais reedições, direi que as duas edições anteriores deixam também a desejar. A da José Olympio omite a "advertência do editor", mantendo apenas o "prefácio do redator"; a da Globo conserva as duas, intercalando-lhes, porém, o prefácio do tradutor, o que nos dá a impressão de que a "advertência" foi redigida no Brasil de 1947, e não na França de 1782. Para desagravo de Drummond, um dos tradutores mais escrupulosos e mais fiéis que já conheci, declaro que testemunhei a indignação com que ele no primeiro exemplar impresso da própria tradução descobriu a espontânea colaboração de um revisor gaúcho, que "melhorara" todos os sobrescritos das cartas colocando crase na preposição *a*, assim: O Visconde de Valmont *à* Cecilia Volanges, A Presidente de Tourvel *à* Madame de Rosemonde, e assim por diante.)

Um exame comparativo das quatro traduções poderia ser incluído no programa da ainda inexistente escola de tradutores ou dar até matéria para uma tese de faculdade: seria tão instrutivo como todos os trabalhos de real mérito, que honram o ofício. A própria tradução do título, em que uns usaram "ligações", outros "relações", mereceria uma discussão. Outro ponto curioso é a questão do tratamento. Drummond e o seu sucessor anônimo resolveram manter o "vós" em toda a linha; Osório Borba admite "vós" em certas cartas, "você" em outras; Maria Lúcia Pessoa de Barros adotou o "você" por toda a parte. Compreende-se que essa tradutora, por fazer a sua versão para uma coleção chamada "Os Maiores Êxitos da Tela", tenha sentido a necessidade de modernizá-la. De maneira inteligente, não se limitou ao emprego dos pronomes, mas rejuvenesceu todo o estilo, quebrando os longos parágrafos do original, cujos períodos alongados e preciosos não se dissociariam da segunda pessoa do plural. Mais de uma vez encontra ela soluções tão felizes que suas falhas, em outros trechos, só se explicam pela provável pressa que deve ter exigido a sincronização da edição com o lançamento do filme. O tradutor anônimo da Difusão Europeia, profissional competente e honesto, nem sempre consegue subtrair-se à sintaxe original, o que torna o seu trabalho algo pesado.

Apesar das inegáveis qualidades de ambos, nenhum dos dois suplanta as versões anteriores: a de Osório Borba, texto leve e natural, e, sobretudo, a de Carlos Drummond, que, mantendo o sabor *Ancien Régime* do original, conseguiu ao mesmo tempo conservar-lhe a elegância e transpor as intenções matizadas de uma ironia às vezes quase imperceptível.

Apresentemos, a título de amostra, a versão de dois períodos pelos quatro tradutores:

1. CARTA 26, DA PRESIDENTE DE TOURVEL AO VISCONDE DE VALMONT:

> *Je m'en tiens, Monsieur, à vous déclarer que vos sentiments m'offensent, que leur aveu m'outrage et surtout que, loin d'en venir un jour à les partager, vous me forceriez à ne vous revoir jamais, si vous ne vous imposiez sur cet objet un silence qu'il me semble avoir droit d'attendre et même exiger de vous.*

A) *Maria Lúcia Pessoa de Barros:* "Faço questão de lhe declarar que seus sentimentos me ofendem, que sua confissão me ultraja, e sobretudo que, longe de chegar algum dia a compartilhá-la, assim me forçará a não vê-lo mais, se não se impuser a este respeito um silêncio que julgo ter o direito de esperar, e mesmo de exigir, de sua parte."

B) *Anônimo:* "Limito-me, Senhor, a declarar-vos que vossos sentimentos me ofendem, que a confissão deles me ultraja e principalmente que, longe de me induzir a partilhá-los um dia, vós me forçareis a nunca vos rever, a não ser que possais impor sobre esse assunto um silêncio que se me afigura ter o direito de esperar e até de exigir de vós."

C) *Osório Borba:* "Limito-me, Senhor, a vos dizer que vossos sentimentos me ofendem, que a confissão desses sentimentos me ultraja e que, longe de vir um dia a partilhá-los, vós me obrigareis a deixar de ver-vos para sempre se não fizerdes em torno do assunto um silêncio que me parece tenho o direito de esperar e mesmo de exigir de vós."

D) *Carlos Drummond de Andrade:* "Limito-me a declarar que vossos sentimentos me ofendem, que a confissão deles me ultraja, e sobretudo que, em vez de partilhá-los, vós me forçareis a nunca mais tornar a ver-vos, se não vos impuserdes sobre esse assunto um silêncio que suponho ter o direito de esperar e mesmo de exigir."

(As diferenças são pequenas, de nuanças apenas; mas, se há uma arte em que as nuanças importam, é decerto a do tradutor. Observar-se-á, na versão A, "faço questão", que não equivale a *je m'en tiens*, e o pronome de "compartilhá-la", que faz supor ser a confissão e não os sentimentos o que se compartilha; e, na versão B, a ausência de um objeto indireto ao lado de "impor", que altera o sentido do conjunto.)

2. CARTA 33, DA MARQUESA DE MERTEUIL AO VISCONDE DE VALMONT:

(Nesta missiva, a demoníaca marquesa desaconselha ao seu cúmplice o uso de correspondência em suas tentativas de conquistar a virtuosa Presidente de Tourvel, por deixarem as cartas margem excessiva para hesitação e recuo.)

> *Songez donc au temps qu'il faut pour écrire une lettre, à celui qui se passe avant qu'on la remette; et voyez si, surtout une femme à principes comme votre Dévote, peut vouloir si longtemps ce qu'elle tâche de ne vouloir jamais.*

A) "Pense, portanto, no que é preciso para escrever uma carta, no que se passa antes de remetê-la; e veja se, principalmente uma mulher de princípios como a sua devota, pode querer tanto tempo o que ela se esforça para não querer nunca."

B) "Pensai no tempo que é preciso para escrever uma carta e no que se passa antes de enviá-la. E vede se uma mulher, principalmente de princípios como a vossa Devota, pode querer tanto tempo o que ela se esforça por não querer nunca.

C) "Pense no que é preciso para se escrever uma carta, no que se passa antes de remeter essa carta, e verá se, sobretudo uma mulher de princípios como a sua devota, pode querer tanto tempo o que ela se esforça por não querer nunca."

D) "Ora, pensai no tempo que é preciso para escrever uma carta, no que se passa antes de enviá-la, e vede se uma mulher, sobretudo de princípios como a vossa devota, pode querer durante tanto tempo aquilo que ela procura não querer nunca."

Note-se que no início das traduções A e C desapareceu a palavra "tempo", entretanto essencial para o sentido; veja-se o involuntário trocadilho das variantes A e B ("principalmente"... "de princípios"), de que não há vestígio no original, e observe-se nas quatro versões um pronome ("no que se passa") cuja supressão parece conveniente.

Pouco tempo depois de publicado esse artigo, recebi de Lisboa carta do eminente teatrólogo e tradutor João Pedro de Andrade, que me comunicou ter ele próprio, em colaboração com Alfredo Amorim, publicado pela Portugália Editora, por volta de 1960, uma tradução das *Liaisons Dangereuses*. Essa tradução, intitulada *As ligações perigosas*, que ele anunciou haver me remetido, mas que infelizmente não me chegou às mãos, representa pois a quinta variante do romance de Laclos em português! Assinalo-lhe a existência, pois as considerações tecidas pelo missivista acerca das quatro versões brasileiras — que lamento não poder reproduzir por falta de espaço — e as amostras que dava da própria mostram tratar-se do trabalho de um profissional competente e consciente.

A coexistência de tantas traduções, todas de qualidade, é inexplicável do ponto de vista editorial — mas poderia ser explorada em trabalhos de comparação do mais alto interesse nos cursos de tradução, já existentes em número razoável em nossas faculdades de letras.

14. O TRADUTOR TRADUZIDO

"NA ORIGEM DA GLÓRIA de um autor estrangeiro encontra-se frequentemente um homem, um intermediário que, para 'lançar' aquele que admira, deve possuir diversas qualidades, ao mesmo tempo sociais e literárias."

São palavras de Léon Lemonnier na introdução à edição modelar que deu das *Histórias extraordinárias* de Edgar Allan Poe, traduzidas por Charles Baudelaire. Graças ao estudo desse erudito francês, pode-se aquilatar com exatidão tudo o que o autor das *Flores do mal* fez pela glória de Poe. Ainda vivo no momento em que Baudelaire lhe descobriu a obra, Poe era considerado pelos contemporâneos como importante crítico, mas os seus poemas e contos eram pouco apreciados. Só muito depois, em parte sob a influência da repercussão que essas últimas obras alcançaram no estrangeiro, obteve ele o lugar que ocupa na história da literatura americana.

A partir do momento em que a conheceu, Baudelaire apaixonou-se pela arte de Poe, na qual descobriu estranhas afinidades com suas próprias teorias e tendências, e propôs-se como verdadeira missão divulgar a mensagem daquele longínquo e desconhecido poeta. Entregou-se a essa tarefa com um ardor que nunca se arrefeceu e que surpreende numa alma tão instável, tão propensa a entusiasmos e desencantos fáceis.

Foi em 1847 que pela primeira vez Baudelaire leu uma página de Poe, provavelmente "O Gato Preto", conto que ele gravou quase inteiramente de cor. Desde aquele momento procurou ler tudo o que o outro escrevera e saber tudo a seu respeito. Depois de inteirado da morte trágica de Poe, ocorrida em 1849, duplicou os esforços a fim de obter para o seu ídolo infeliz pelo menos a compensação da glória póstuma.

Nas memórias e reminiscências dos contemporâneos de Baudelaire há frequentes alusões à assiduidade, às vezes irritante, com que ele trazia à baila o nome de Poe, forçando os interlocutores a aprendê-lo, não os deixando em paz enquanto não tomavam partido por ele. Gautier, Asselineau, Champfleury foram conquistados assim. Outros que se correspondiam com Baudelaire, entre estes Sainte-Beuve, Taine, Vigny, vieram a saber de Poe por meio de cartas. Mas o maior serviço que o poeta prestou ao culto de Poe foram suas traduções das *Histórias extraordinárias*, publicadas primeiro em revistas e jornais, depois reunidas em dois volumes, assim como do romance *Arthur Gordon Pym*. Como introdução aos volumes, escreveu também a vida de Poe, bastante inexata (na falta de fontes fidedignas), mas cheia de amor ao seu biografado e de ódio aos que o prejudicaram na sua tribulada existência. Falando e escrevendo acerca de Poe, traduzindo-lhe as obras, aguardava impaciente toda repercussão, contestava com paixão todas as críticas, obrigando todos a tomarem conhecimento do caráter excepcional daquela nova arte.

O primeiro conto traduzido por Baudelaire foi publicado em 1848; o segundo, somente quatro anos depois. Nesse ínterim, Poe, com quem seu admirador francês não estabelecera contato pessoal, morrera. Depois de 1852, multiplicaram-se as traduções. Para executá-las, Baudelaire pôs-se a reaprender o inglês com todo o afinco e não relaxou esse estudo durante os quatro anos que levou a reunir a matéria dos dois volumes. O texto oferecia inúmeras dificuldades não resolvidas pelos dicionários, neologismos com que a crescente civilização norte-americana enriquecia a língua inglesa, termos de *slang* local, expressões familiares. Para compreendê-los, Baudelaire entrou a procurar viajantes chegados dos Estados Unidos, tornou-se assíduo frequentador dos botequins onde se reuniam marujos, *grooms* e jóqueis. Quanto aos termos técnicos, que Poe empregava com a maior propriedade, Baudelaire entregou-se a sérias pesquisas; para verter *Arthur Gordon Pym*, tornou-se ele também ornitólogo, geógrafo, oficial de marinha, a consultar atlas, mapas, instrumentos de navegação e de cálculo.

Foi precisamente aquela preocupação que o impediu de traduzir as poesias que julgava intransponíveis em qualquer língua, que o levou a rever sempre, na véspera da publicação, as provas dos contos a saírem em folhetim, que o fez realizar uma revisão completa antes da publicação em volume e corrigir incansavelmente provas sobre provas do livro.

O conhecimento de tais pormenores modifica sensivelmente o retrato de Baudelaire, orgulhoso, boêmio, cético incorrigível, *épateur de bourgeois*, e mostra como nele era profundo e humilde o respeito pela arte alheia.

Mesmo que o centenário da morte de Poe possa conferir um mínimo de atualidade a essas notas,[60] sua razão de ser encontra-se mais numa coincidência curiosa: o acabamento de uma tradução dos *Pequenos poemas em prosa* de Baudelaire, feita com entusiasmo e pertinácia iguais, caracterizado pelo mesmo esforço de perfeição.[61] Depois de acompanhá-la de perto, vejo agora, ao ler as informações de Lemonnier acerca de Baudelaire tradutor, que o autor dos *Poemas em prosa* acaba de obter uma versão portuguesa feita nos mesmos princípios que ele aplicava às suas traduções.

Esses *Poemas em prosa*, obras-primas lavradas com todos os requintes de um artista excepcional e de um idioma supercivilizado, estão cheios de alusões mal esboçadas, de ironia a um tempo velada e feroz, de um satanismo vistosamente exibido e que a olhos não advertidos esconde uma ternura profunda e uma violenta revolta ante a estupidez da existência (o autor chegou a induzir em erro o grande Tolstoi, que o condenou como nocivo e antissocial); constituem um tremendo teste para o tradutor, que, além de manter-lhes a misteriosa harmonia, o indefinível ritmo íntimo, tem de farejar, por trás de cada palavra, as segundas

---

[60]Escritas em 1949.

[61]Publicada pela primeira vez em 1950 na Coleção Rubáyát pela Editora José Olympio.

intenções do autor, em estado de perpétuo desafio contra o leitor, atitude de defesa que se vira toda contra quem tenta transpô-los a outra língua.

Aurélio Buarque de Holanda Ferreira apaixonou-se por essa tarefa como Baudelaire pela versão das *Histórias extraordinárias*. Pelo motivo que levou este último a abster-se da tradução das poesias de Poe, ele também não abordou as *Flores do mal*, mas pôs na versão dos *Poemas em prosa* tanta paciência e tanto cuidado como se estivessem escritos em versos os mais difíceis. Traduziu-os inicialmente para enfeixá-los num volume; ao lembrar-se de publicá-los um por um nos jornais, reviu-os, refundiu-os mais uma vez — e continua a revê-los e a refundi-los de prova em prova. Quem tiver curiosidade de cotejar uma das traduções publicadas em jornal com a versão "definitiva" do volume da José Olympio poderá verificar não somente a mestria, mas também a escrupulosidade desse trabalho de contínuo polimento.

Por mim, tive a satisfação de acompanhá-lo passo a passo em todas as minúcias da tarefa. Não tendo ido à França até o momento de acabar essa tradução, Aurélio possuía do francês aproximadamente o excelente conhecimento livresco que Baudelaire tinha do inglês. Daí a sua desconfiança consigo mesmo, que o levou não somente a pacientes indagações sobre o sentido exato, o matiz sentimental, o efeito estético de inúmeros termos, mas também a um cotejo, linha por linha, com o amigo que teve a sorte de estudar francês na França. Em tudo isso revela-se um respeito como que religioso ao texto original, como se algo importante dependesse da versão exata de cada nuança da reprodução de todos os valores emocionais. É, em resumo, o respeito impressionante de Baudelaire ao texto de Poe.

Note-se que tal atitude representava no tempo de Baudelaire algo de excepcional. Os tradutores franceses da época traduziam geralmente com fidelidade muito relativa, preferindo à versão rigorosa uma "adaptação ao gosto francês", critério dos mais elásticos e que não raras vezes encobria conhecimento deficiente da língua estrangeira ou pressa em liquidar a tarefa. Os tradutores de Poe não constituíam exceção à regra: Lemonnier mostra como um acrescentava, outro cortava, o terceiro interpretava em vez de simplesmente verter. Baudelaire, entretanto, mostrou-se intransigente, adotando o princípio da tradução fiel; os erros que mesmo com todo aquele cuidado haviam de aparecer provinham da forçosa limitação de seus conhecimentos de inglês, e nunca do propósito deliberado de facilitar a tarefa para si mesmo.

Embora hoje se tenha um conceito mais justo do ofício de tradutor, não se pode dizer que, em linha geral, o nível das traduções tenha melhorado. A exigência de rigorosa fidelidade dificilmente é atendida nessa época de trabalho mecanizado e feito sem amor, em que não há mais profissões e ofícios, só empregos e biscates. E é por isso que os *Poemas em prosa* traduzidos por Aurélio Buarque de Holanda Ferreira merecem atenção especial, justamente pelo que essa manifestação de respeito e amizade a um grande morto tem de comovedoramente anacrônico.

Outros que não eu, mais sensíveis ao número da língua, criados dentro do seu gênio, poderão dizer melhor quanto o tradutor conseguiu recriar a atmosfera mágica do original; por mim, faço questão sobretudo de assinalar como a tradução brasileira foi feita e como o raro fenômeno da dedicação de Baudelaire à memória de Poe se está reproduzindo entre nós em relação ao próprio Baudelaire.

15. UM INTÉRPRETE DE CAMÕES

UMA TRADUÇÃO ARTÍSTICA é tão rara como um bom casamento: exige o encontro milagroso de um grande original com um grande tradutor. É a história de um desses encontros que desejo referir aqui.

Gyula Greguss é uma das personagens secundárias mais simpáticas da vida literária da Hungria no século XIX. Ele encarna bem um tipo ainda frequente nessa época tão rica em valores espirituais: o do cientista literato.

Nascido em 1829, descendente de uma família de escritores, cedo lhe ocorreu a ideia de abraçar a carreira das letras. Seu irmão Ágost, um dos fundadores da crítica literária na Hungria, conta-nos como, ainda ginasianos, os dois conceberam o plano de incorporar as grandes obras do teatro universal ao patrimônio espiritual da nação:

> Entre nossos castelos de Espanha figurava o projeto de aplainar o caminho do drama húngaro traduzindo os melhores dramas de todas as nações e de todas as épocas, para, a seguir, publicá-los numa vasta coletânea. Para isso seria necessário o concurso de vários colaboradores, mas na juventude não nos falta o espírito de iniciativa.

Reunimo-nos cinco amigos para a distribuição da tarefa. Você fica com os gregos, você com Plauto, você com este ou aquele — e assim ficou regulado o empreendimento. Gyula foi servido com abundância, pois lhe demos Shakespeare e Calderón. E foi por isso que ele se pôs a estudar o espanhol e, logo depois, o português.

Mas a Revolução de 1848, entre outras coisas, atrapalhou a execução desses planos. Gyula Greguss alistou-se no exército revolucionário, bateu-se contra os austríacos, foi ferido, depois feito prisioneiro; evadiu-se, viveu foragido algum tempo, e acabou seus estudos na Escola Politécnica de Viena. Talvez ali tivesse permanecido, se a revelação de seu passado revolucionário não lhe trouxesse aborrecimentos. Assim, seis anos depois da Revolução, preferiu voltar à Hungria. De 1857 até sua morte, sobrevinda em 1869, foi professor de ciências, e, durante vários anos, diretor do Ginásio Luterano da Capital.

Depois daquela juventude agitada, que apresenta tantas semelhanças com a de Zsigmond Kemény, autor de uma biografia romanceada de Camões,[62] e mesmo com a de Camões (uma paixão infeliz, a experiência dos campos de batalha, a fuga, o exílio), tornara-se Greguss uma personalidade harmoniosa. Funcionário consciencioso e austero, na roda de seus amigos era um homem modesto e simples,

---

[62] *Élet és Ábránd* ("Vida e ilusão"), romance incompleto, escrito em 1844, em que o autor mistura acontecimentos da biografia de Camões aos da própria vida. — Cf. em meu livro *Como aprendi o português e outras aventuras* (Rio, Artenova, 2ª ed., 1975, p. 132 e ss.), "Camões, personagem de uma autobiografia".

amador das boas palestras e da música; lia muito, procurando sempre conhecer os grandes escritores no original. Ao lado de suas atividades de professor e administrador, destacou-se como cientista e homem de letras.

Seus trabalhos de especialista pertencem ao domínio das ciências naturais, sendo os mais importantes entre eles *Cenas da natureza, Calor e gravitação, A temperatura da água do Danúbio.*

No campo da literatura estreou, como todo mundo, com versos, mas que não reuniu em volume. Obteve certa fama com suas traduções: *O príncipe Constante*, de Calderón; *Um ninho de fidalgos*, de Turgueniev; e *Os Lusíadas*, sendo que esta última lhe valeu sua eleição para a Sociedade Kisfaludy, a academia literária mais importante da época. Para o discurso de posse escolheu um assunto bem característico de sua atividade bifronte: "Questões Limítrofes das Ciências e da Estética"; nesse trabalho, insistia na utilidade, para os cientistas, de uma cultura literária, e para os estetas, de um conhecimento melhor da natureza. Assim, as obras científicas se tornariam mais atraentes, ao passo que as especulações de estética lucrariam em clareza.

Tendo especial predileção pelos trabalhos científicos de pretensões literárias, Greguss caprichava em burilar o estilo de seus ensaios, mesmo os mais técnicos. Entre suas leituras preferidas figuravam representantes desse gênero hoje algo desacreditado, em primeiro lugar o *Kosmos*, de Humboldt. Por outro lado, na literatura procurava as obras que tinham alguma afinidade com as ciências, especialmente a ciência natural. Pois Humboldt, na obra referida, exaltava *Os Lusíadas* não tanto como realização poética, mas como repositório extraordinário de observações acerca dos fenômenos da natureza, cuja fidelidade nunca vem a ser prejudicada "pelo entusiasmo do poeta, pelos adornos do discurso nem pelos tons suaves da melancolia". E acrescentava: "É inimitável em Camões a representação do contato eterno entre ar e mar, entre as nuvens, de estrutura tão variada, com seus processos meteorológicos, e os diversos estados da superfície oceânica... No verdadeiro sentido da palavra, Camões é um grande pintor do mar."

Sem dúvida, foi esse trecho do *Kosmos* que despertou o interesse do hidrólogo Greguss por *Os Lusíadas* a ponto de lhe fazer empreender o estudo do português e, depois, a versão do poema. As palavras de Humboldt, antes de serem reproduzidas no prefácio da tradução completa pelo próprio tradutor, já o foram na introdução do crítico Ferenc Toldy à tradução do Primeiro Canto, publicada numa revista, a título de amostra, em 1860.

A tradução inteira foi editada em 1864 pela Sociedade Kisfaludy, em tiragem limitada reservada aos sócios; uma 2ª edição, destinada ao público geral, saiu em 1874. Os camonianos de Portugal tomaram conhecimento bem cedo dessa versão exótica, pois na edição de luxo do episódio de Inês de Castro com traduções em 14 línguas, publicada em Lisboa em 1873, já figura o texto húngaro.

Nunca mais reeditada, a versão húngara constitui hoje raridade bibliográfica. Trata-se de um trabalho feito com esmero, precedido de extensa introdução na qual encontramos um resumo da história lusitana, noções sobre as letras portuguesas anteriores a Camões, uma breve biografia do poeta e uma análise do poema. No fim do volume, notas concisas esclarecem as alusões geográficas e históricas. Por analogia com as grandes epopeias, o intérprete modificou o título para *A Lusíada*, seguindo nisso o exemplo de vários tradutores alemães.

Tendo em mãos a 1ª edição, procurei verificar, pelo cotejo com o texto português e, também, com duas traduções alemãs anteriores à húngara, se essa foi feita diretamente do original, e cheguei a conclusão afirmativa. É mais que provável que Greguss se socorreu de traduções para outras línguas, mas a base de sua versão é sempre o original. Decerto, aprendera o português pelos livros e nada faz supor que chegasse a falá-lo (aliás, com quem o havia de falar às margens do Danúbio?), mas a fidelidade de sua interpretação é tamanha que não se explica sem um contato direto com o texto de Camões.

O tradutor segue-lhe de perto o pensamento não só estrofe por estrofe, mas verso por verso. Mantém a forma da oitava e respeita o caráter das rimas, femininas em sua grande maioria, apesar da dificuldade que essa característica acarretava. Mas tudo isso nada significaria se o tradutor não tivesse talento poético. Quase cem anos depois de publicada, ao cabo de um período em que a língua húngara sofreu grandes mudanças, a tradução, fluente e natural, se lê ainda com agrado.

O autor de trabalho de tal quilate, desaparecido das livrarias há muito tempo e injustamente esquecido dos historiadores da literatura, bem merecia ser lembrado. Com sua honestidade de cientista, quis Greguss que

> essa planta luxuriante de uma longínqua praia do sudoeste nos chegasse aqui ao Este não violentamente arrancada a seu lugar, mas retirada com o maior número possível de raízes e alguns torrões do solo natal, para poder melhor aclimar-se num solo estrangeiro.

É pena que naquele solo estrangeiro, assolado depois por tantas tempestades, a flor transplantada com tanto carinho não pudesse criar raízes mais robustas.

16. ALEXANDER ILLE LENARDUS

EM AGOSTO DE 1954, num dos raros e curtos intervalos dos
trabalhos do Congresso Internacional de Escritores realizado em São Paulo, fui procurado por um cavalheiro que
se apresentou como patrício meu. O basto bigode caindo
sobre a boca, as espáduas largas, os gestos embaraçados, a voz
macia davam-lhe um não sei quê de bom urso canhestro.
Falava com o embaraço dos modestos, usando termos de
requintada cortesia.

Era o dr. Alexandre Lénárd, médico húngaro estabelecido em São Paulo. Esclareceu-me logo que seu *hobby*
era o estudo dos idiomas e a arte de traduzir. Informado
de que, além de escrever, eu era professor de latim e tinha
interesses semelhantes aos dele, viera fazer-me um pedido
bastante inesperado.

Antes de se fixar em São Paulo, passara ele uma tem-
porada no interior do Paraná, onde enchia os seus lazeres
com a tradução, para o latim, de *Winnie the Pooh,* de A. A.
Milne; perguntou-me se não queria dar uma olhada no
resultado daquele trabalho.

Eu já tinha lido o famoso livro infantil de Milne, conhecido no Brasil sob o título *Dudu-de-Puf,* e a ideia de

129

traduzi-lo para o latim pareceu-me, pelo menos, estrambótica. Delicioso produto do *humour* inglês, cuja graça consiste em grande parte na expressão, sua tradução em qualquer língua moderna exige outro humorista da força de Milne (como o era, por exemplo, o húngaro Karinthy, que reescreveu o simpático livrinho dentro do espírito peculiar e indefinível de Budapeste, rebatizando-o de *Micimackó*.) Não compreendi, porém, a necessidade de vertê-lo para o latim, tanto menos que aquele humorismo fantasista, *nonsensical*, não apresentava o menor parentesco com a mentalidade romana, muito mais propensa à ironia. De mais a mais, para que traduzir um livro escrito numa língua que todos entendem para outra que ninguém lê?

Tudo isso eu pensei de mim para mim, depois que, pegado de surpresa, concordei em dar em algumas de minhas inexistentes horas vagas a olhada solicitada. Apenas tivera a cautela de não assumir compromisso quanto ao prazo do exame.

Daí a pouco recebi os originais. Estavam na minha mesa havia semanas sem que tivesse podido abri-los quando chegou uma carta do dr. Lénárd. Com muita delicadeza, pedia-me notícias da tradução, que, dizia, não se atreveria a apresentar ao editor inglês, detentor dos direitos, sem que alguém do ofício corresse os olhos por ela. Por outro lado, estava com medo, já que as ideias costumam andar no ar, de que, naquele mesmo instante, outra pessoa estivesse dando tratos à bola para realizar a mesma tarefa, e viesse apresentar, três dias antes da sua, uma tradução perfeita.

Embora a apreensão me parecesse quimérica demais, não quis desapontar tamanha cortesia e ingenuidade, e dei-me ao trabalho de ler as aventuras grotescas do célebre ursinho, *Winnie the Pooh*, ou seja, *Winnie ille Pu*. O trabalho transformou-se logo em prazer. Não somente o meu correspondente sabia latim até debaixo d'água; entendia profundamente o humorismo anglo-saxão e, para transvasá-lo, soube criar, com erudição filológica e espírito folgazão, um latim jocoso e *saugrenu*, inteiramente original e, no entanto, baseado nos exemplares mais genuínos do riso antigo.

Com poucas emendas insignificantes e meia dúzia de sugestões, devolvi o trabalho ao dr. Lénárd, felicitando-o pela façanha. Lamentava apenas, com os meus botões, que tivesse perdido tanto tempo em uma brincadeira sem qualquer perspectiva editorial. Fosse como fosse, o passatempo devia tê-lo ajudado a varar o tédio dos longos dias da solidão paranaense. Lembrei-me do excêntrico Frith, personagem de *The Narrow Corner*, de Maugham, que, tendo levado anos numa ilha perdida da Malásia a elaborar mais uma versão inglesa de *Os Lusíadas*, assim explicava a um interlocutor ocasional a sua estranha paixão: "Só agora compreendo que o homem solitário é quem pode sentir inteiramente a civilização das cidades. Aprendi que só nós, os exilados, podemos tirar da vida o seu maior valor."

Representante perfeito desse tipo de exilados era o meu amigo Lénárd, pois aos poucos nos tornaríamos amigos por correspondência. (Revimo-nos uma única vez em 1959, mas a brevidade da entrevista quase não nos permitiu trocar ideias: mal deu para eu perceber que ao bigode de 1954 se acrescentara, nesse entretempo, uma barba impressionante. Nossas relações permaneceram, pois, essencialmente epistolares.) Sem grande capacidade de adaptação ao ambiente que o cercava, ele mantinha a sua vida em dois planos, o trivial e o espiritual. Sentia-se feliz neste último, quando podia entregar-se a alguma esquisita ginástica intelectual, como o estudo do japonês, ou mergulhar no universo imaterial da música.

Paradoxalmente suas excursões nesse mundo inatual colocaram-no certa vez no primeiro plano da curiosidade do público. Inscrito no programa *O céu é o limite*, da TV paulista, deslumbrou os ouvintes por um conhecimento assombroso da obra de Bach, mantendo-se em cartaz por várias semanas. Por algum tempo, o seu desempenho foi o assunto mais comentado de São Paulo. Em vez de tirar proveito dessa repentina popularidade, o dr. Lénárd preferiu sumir, aplicando o prêmio de maneira algo inesperada. Fugiu da capital e comprou uma farmácia num lugarejo irreal de Santa Catarina, onde cumulava as funções de farmacêutico, médico, curandeiro e pajé no meio de algumas centenas de alemães acaboclados, entregando-se nas horas vagas a estudar o dialeto inquinado de brasileirismos e o sincretismo religioso de seus pacientes.

Suas experiências desse lugarzinho fora de mapa, Gustavo Richard (ex-Dona Ema), contadas com ironia, serenidade e um humorismo discreto todo seu, chegavam-me através de uma revista húngara, *Kultura*, editada durante alguns anos em São Paulo. (Nessa mesma publicação, cujos números se tornaram raridades bibliográficas, fui seguindo, aliás com impaciente enlevo, os capítulos de seu romance autobiográfico, *Chegarão daqui a quinze dias*, todo ele desenvolvido no mundo cosmopolita dos refugiados, na Roma do fim de guerra, em véspera da invasão Aliada.)

Cartões-postais desenhados pelo meu amigo, que num traço de gravura chinesa representam a paisagem anacronicamente bucólica de seu eremitério, ou cartas cheias das linhas cerradas de sua caligrafia miúda, periodicamente traziam-me notícias a seu respeito. Vez por outra, vinha um trabalho impresso, sempre surpreendente pelo imprevisto do assunto, da ideia e da expressão: ora um artigo da revista *Mondo*, vazado num italiano saborosamente sarcástico, sobre a *Enciclopédia católica italiana*; ora um esquisito tratado latino, escrito com toda a seriedade, sobre assunto tão momentoso como a origem do bife à milanesa!

O mais inesperado, porém, foi seu volume de versos. Os poemas desse poeta húngaro residente no Brasil, escritos em alemão, ostentavam um título latino, *Ex Ponto*, como que simbolizando o destino da intelectualidade de certos países infelizes, em que o exílio se está tornando parte integrante da experiência cotidiana. Evocando a Ovídio, protótipo dos poetas exilados, o volume revelava talento personalíssimo e sensibilidade requintada, afinados por uma vasta cultura capaz de incorporar a seu arsenal o legado de uma civilização multissecular. Acontecimento das letras germânicas, o livro constituía ao mesmo tempo precioso exemplar da incipiente literatura dos Estados Unidos da Europa, trazendo à memória paisagens, ambientes, sabores, mitos e cantos do Velho Continente. Versões rimadas e ritmadas de poemas ingleses, franceses, italianos e húngaros atestavam o virtuosismo de Lénárd em mais uma arte nobre e difícil, a da tradução poética. Mas o que mais prendia e comovia era o reflexo fiel das vicissitudes de uma geração sacrificada, o depoimento visceralmente europeu, dolorosamente atual.

Enquanto isso, eu já teria esquecido a versão de *Winnie the Pooh* não fossem as notícias que dela me dava o autor em suas cartas. Recebidas as minhas sugestões, parte das quais aceitara, lá estava ele ainda a poli-la, a lambê-la como um urso ao filhote. "Um volume de Tácito, as sátiras de Pérsio, assim como Petrônio e Apuleio, retomados outra vez, contribuíram também um pouco para melhorar o meu texto manquejante" — escrevia-me em junho de 1955.

Em 1959 recebi, afinal, um exemplar impresso do trabalho. O dr. Lénárd encontrara editor para aquela tradução quimérica na pessoa de Desidério Landy, antigo editor de Budapeste, agora livreiro brasileiro. Estabelecido num quinto andar da rua 7 de Abril *in urbe Sancti Pauli Brasiliae*, arriscou-se ele a lançar uma ediçãozinha, praticamente clandestina, pois apenas de cem exemplares. Um deles chegou a Estocolmo, onde a grande Editora Svensk Bokförlaget resolveu publicar outra edição de dois mil exemplares, na delicada intenção de oferecer um original presente de Natal a seus colaboradores, intelectuais suecos, professores e humanistas. Entregue o primeiro milhar, a distribuição teve de ser suspensa, porque o público de leigos e profanos esgotou o segundo em quinze dias. A editora sueca fez rodar, já com intuitos confessadamente comerciais, outra tiragem de dois mil exemplares. O êxito acordou Methuen, o editor do original inglês, que três anos antes nem quisera ver a tradução; apressou-se em procurar contato com o eremita de Dona Ema para reexaminar o assunto. Enquanto isso, em São Paulo, o pioneiro Landy teve a tristeza de não poder atender pedidos vindos de Cambridge, Oxford, Aarhus, Roterdã e outras cidades ilustres, perfazendo um total de cem exemplares.

Em novembro, o editor londrino lançou a sua edição de três mil exemplares. Mas já uma velha firma norte-americana, E. P. Dutton & Co., inc., informada dos fatos milagrosos que acabamos de relatar, farejou o negócio e, em vésperas de Natal, mais exatamente em 12 de dezembro, publicou a quinta edição.

A partir desse momento as notícias assumem caráter nitidamente apocalíptico. Nos cronistas e críticos literários o estranho livrinho despertava as mais diversas reminiscências: infantis, de quando leram o livrinho de Milne, e juvenis, de quando estudaram latim no ginásio, a não ser que acordasse saudades das horas em que iniciaram os filhos ou os netos nas aventuras do ursinho Winnie: em todo caso, acolheram-no com notas alegres e entusiásticas, em jornais e revistas da importância de *Christian Science Monitor*, *New York Herald Tribune*, *The New York Times Book Review*, *Washington Post* e — *last but not least* — do magazine *Time*. Aplausos tão unânimes fizeram com que a edição se esgotasse numa semana. Em 23 de dezembro a editora teve de inserir anúncios nos maiores jornais nova-iorquinos pedindo desculpas aos milhares de leitores que em vão a tinham procurado nas livrarias e anunciando nova batelada, a sair logo depois do Natal.

Enquanto isso, no estilo algo sensacionalista característico da imprensa norte-americana, uma colaboradora do *Houston Post* afirmava que *"one of the great cultural gaps of the ages has been plugged by a small book which should compensate in part for the burning of the library of Alexandria in 640"*, e o colunista do *Chicago Tribune* acrescentava que o volumezinho *"does more to attract interest in Latin than Cicero, Caesar and Virgil combined"*. O *Washington Star* não encontrou melhor maneira de manifestar o seu entusiasmo do que inserir um tópico em latim, e muitos fregueses desapontados, que em vão tentaram adquirir um exemplar de *Winnie ille Pu*, pediram-no à editora em telegramas latinos na esperança de serem melhor atendidos.

Poucos dias depois do Natal saiu nova edição, seguida logo depois de outra e mais outra. Em 17 de janeiro, só a tiragem norte-americana atingia o número de 23.500 exemplares. Lewis Nichols, na *The New York Times Book Review* não hesitava em qualificar Winnie *"The greatest book a dead language has ever known"*, e o editorialista do *Monitor* anunciava que *"there is some thought of removing Latin from the list of dead languages"*. O *Buffalo Evening News* chegou a sugerir que se cancelasse Júlio César dos programas escolares para se colocar em lugar dele a obrinha-prima de Milne-Lénárd.

Em 6 de fevereiro, a tiragem ascendera a 52.500 exemplares, número que o editor considera apenas um começo, pois as encomendas continuavam a afluir de todos os lados dos Estados Unidos. Num só dia, o correio trouxe a Dutton pedidos para 1.573 volumes. Nesse ínterim, Methuen, na Inglaterra, com mais três tiragens, totalizava 12.500 exemplares. Por outro lado, começaram a chover telegramas, cartas e cartões-postais de fãs encantados para o reduto donaemense do dr. Lénárd, que recebeu também notícias de muitos amigos velhos da Alemanha, da Itália, do Canadá, perdidos de vista havia anos e, de tão animado, estava pensando seriamente em começar uma versão grega de Winnie.

Em começos de março, havia mais de 60 mil Winnies traduzidos circulando nos Estados Unidos — tudo isso antes que fossem expedidos prospectos para os professores de latim, público por excelência da obrinha vitoriosa.

Conclusão: o primeiro *best-seller* estadunidense de 1961 foi um livrinho infantil em latim, fato que desmente de vez as sábias teorias elaboradas por tantos especialistas sobre os ingredientes indispensáveis a um campeão de vendas. O mais curioso no caso, porém, é que a linguagem de *"Winnie ille Pu, liber celeberrimus omnibus fere liberis notus nunc primum de Anglico sermone in Latinum conversus"* nada tem de fácil. Enganar-se-ia quem pensasse que o dr. Lénárd inventou uma espécie de *basic* latim, reduzido e simplificado, *ad usum Delphini*. Não, o tradutor não fez a menor concessão. Já vimos que além dos clássicos não hesitara em recorrer à linguagem suculenta, colorida e folgazona dos autores da decadência. Fez uso de trocadilhos, rimas, aliterações, palavras raras, neologismos. Nada disso, porém, esfriou o entusiasmo do público. Verificando que não entendiam bem o livrinho de que todos falavam, os compradores voltavam às livrarias — não para devolvê-lo, mas para comprar um "burro", isto é, o original inglês —, o que fez que o livrinho de Milne (mais de cinquenta vezes reimpresso de 1926 para cá) voltasse a ganhar nova e fulminante popularidade.

"Ac quia haec est vera clausula fabulae et ego ultimam post sententiam defatigatus sum, puto me hic finem facere", isto é, *"And as that is really the end of the story, ad I am very tired after the last sentence, I think I shall stop there"*.

Neste ponto parava a notícia em que pela primeira vez dei conta ao público brasileiro da existência entre nós desse homem singular. Nem por isso ele deixou de continuar a mesma vida oculta no fundo do Paraná, a trabalhar em estranhas obras fantasmagóricas. Certa vez informou-me de que ia traduzir o famoso romance juvenil de Ferenc Molnár *Os meninos da rua Paulo* para o grego clássico. Não lhe faltava capacidade para tanto, como demonstraria poucos anos depois na Universidade de Charlestown, nos Estados Unidos, onde a sua fama crescente o faria convidar como *Visiting Professor* de grego. Não sei se levou a termo aquela versão de Molnár para o idioma de Homero. Mas sei de outra vicissitude da sua vida, não menos romanesca do que as anteriores: enquanto dava suas aulas em Charlestown, um aventureiro qualquer denunciou-o às autoridades do Paraná como espião alemão disfarçado. Aquele farmacêutico pacato não seria outro que o famigerado Mengele, assassino de milhares de inocentes, refugiado no Brasil após o fim da Segunda Guerra Mundial. Na ausência de Alexandre, a sua casa foi revistada e jornais dos mais sérios publicaram manchetes sobre o esconderijo do carrasco nazista em Dona Ema! Os desmentidos de vários amigos e compatriotas de Lénárd foram ignorados; a notícia era sensacional demais para não ser verdadeira. Felizmente a polícia paranaense foi mais clarividente: descobriu a tempo a falsidade da trama, cujo forjador foi expulso do Brasil antes que o eremita voltasse ao seu eremitério de Dona Ema. Enquanto isso, a carreira fantástica de *Winnie ille Pu* abriu o mercado para Lénárd e ele se pôs a produzir obras originais, coroadas de êxito na Alemanha[63] e na Hungria.[64] Mas não lhe sobrava tempo para colher todos os frutos daquela popularidade surgida de maneira tão estrambótica: em abril de 1972, ele morreu do coração em Dona Ema, praticamente ignorado do Brasil, mas rodeado de verdadeiro halo místico aos olhos de milhares de europeus e pranteado por seus amigos dispersos pelo mundo afora.

---

[63]Citemos *Die Kuh auf dem Bast. Aus den Erinnerungen eines Arztes.* Stuttgart, Deutsche Verlags-Anstalt, 1963, e 7 *Tage Babylonisch*, da mesma editora, 1964.

[64]Na Hungria saiu em 1973, depois de outros livros menores, a importante seleta póstuma *Völgy a világ végén és más történetek* (*Vale no fim do mundo e outras histórias*). Budapeste, Magvetö könyvkiadó, 640 p.

17. A DESFORRA DO LATIM

LATINISTAS, A POSTOS! Juntem as suas reminiscências do ginásio, leiam com atenção o período seguinte, e adivinhem o nome do autor: *Sensu ignoto, cuius taedium, cuius suavitas me capiunt, tristitiae nomen, tristitiae pulchrum nomen et grave induere sane haesito.*

Não acertam? Ainda assim, devem ter apreciado o que a frase tem de fremente e saudoso, seu sabor de decadente melancolia, a harmonia musical da cláusula.

Não se envergonhem por não terem acertado. Se o nome do autor não consta das histórias da literatura latina, é por se tratar de um contemporâneo, ou melhor, de uma contemporânea cuja celebridade transcende o noticiário cultural. Sob a transparente forma alatinada, Francisca Sagana, descobrirão sem esforço a espalhafatosa e talentosa Françoise Sagan, e então a frase acima citada revelar-se-á como a versão latina do parágrafo inicial do famoso (e famigerado) *Bonjour, Tristesse*: "*Sur ce sentiment inconnu dont l'ennui, la douleur m'obsèdent, j'hésite à apposer le nom, le beau nom grave de tristesse.*"

A leitura de mais alguns parágrafos de *Tristitia Salve, fabula amatoria e Gallico in Latinum sermonem conversa* convence-nos de que esse livro de adolescente, revelação ambígua e cruel dos desajustamentos de uma geração transviada, exigia essa versão: o laconismo sugestivo do latim, a pátina multissecular de suas palavras, o halo sentimental de suas expressões prestigiam e intensificam o que o romance tem de patético. Os leitores atentos já devem ter percebido que a ideia barroca dessa tradução, lançada em São Paulo, só podia ter nascido na cabeça do nosso extraordinário Alexandre Lénárd, tradutor para o latim de *Winnie the Pooh*, de A. A. Milne.

Não bastava saber latim como poucos para, depois daquela encantadora história do ursinho travesso, interpretar esse pungente drama moderno que nada tem de infantil, pelo contrário, traz o grito de uma mocidade envelhecida antes do tempo: eram precisos talento literário, espírito lúdico, fantasia — talvez até um grau de loucura — para perder tempo com empreendimento tão estrambótico.

Entretanto, confirma-se mais uma vez a velha tese de que em arte só o tempo perdido é ganho. Como todas as desvairadas iniciativas de Alexandre Lénárd — entre elas o diário de suas experiências de farmacêutico, médico e taumaturgo no meio de alemães analfabetos dos cafundós de Santa Catarina, ou um livro de receitas culinárias, ambos lançados há pouco na Alemanha — a tradução de *Bom dia, tristeza*[65] tornou-se êxito. Enquanto uma única livraria da França pedia 500 exemplares, a Svenska Bokförlaget, de

---

[65]Francisca Sagana. *Tristitia Salve. Fabula amatoria e gallico in latinum sermonem conversa*, ab Alexandra Lenardo. *In: Urbe Sancti Pauli Brasiliae*, 1963. Edição do Autor.

Estocolmo, e a Casa Julliard, de Paris, trabalhavam febrilmente para botar na rua antes do Natal edições respectivamente de dois e três mil exemplares.

Aos que julgam que o latim está morto e enterrado, tais notícias hão de parecer fantásticas. Como é que o obsoleto idioma, definitivamente relegado entre as velharias do passado pela nossa gloriosa Lei de Diretrizes e Bases, se obstina ainda em sobreviver? Como encontrar leitores pelo mundo afora para um livro escrito numa língua que não se fala, não se entende, não se escreve e não se lê nenhures? O fato é que esse público de lunáticos não só existe, mas cresce cada vez mais. Senão, como é que o dr. Joseph Eberle, em Stuttgart, depois de um volume de *Laudes* e uma antologia de cinquenta poetas novilatinos de dezessete nações, *Viva Camena*, se animaria a publicar outro volume de versos, *Amores*,[66] por sinal excelente?

De Paris, chega-nos outro livro encantador, em que a despedida do herói é contada nestes termos: "*Ille nullo motu, nullo clamore facto punctum temporis stetit, deinde leni lapsu cecidit ut succisae arbores solent. Ne strepitus quidem ullus, propter arenam videlicet, auditus est.*" Sim, é *O pequeno príncipe,* de Saint-Exupéry, que, depois de vertido em português, esperanto, hebraico e japonês, encontrou na pessoa de Auguste Haury quem o traduzisse na língua de Cícero.[67]

---

[66]*Laudes, Carmina Latina.* Raines Wunderlich Verlag, 1959. *Amores. Nova Carmina.* Stuttgart e Zurique, Casa Ártemis, 1961.

[67]Antonius a Sancto Exuperio. *Regulus vel Pueri Soli Sapiunt, qui liber "Le Petit Prince" inscribitur ab August Haury in latinum conversus.* Paris, Fernand Hazan, 1961.

Ora, que alguns eruditos extravagantes se divirtam a traduzir o que está escrito em línguas compreensíveis — como o francês, o inglês, o alemão e o italiano — para uma língua inacessível seria apenas estranho, mas que editores da França, da Suíça, da Alemanha, dos Estados Unidos, da Inglaterra porfiem em investir dinheiro na publicação de tais produtos é de pasmar. Pois foi o que se viu. Em todos aqueles países foram se multiplicando as traduções de livros infantis para o latim, evidentemente sob a influência da bem-sucedida aventura do ursinho Winnie, a qual principiou — é bom lembrá-lo —, aqui no Brasil, com uma ediçãozinha de cem exemplares.

Max et Moritz, Puerorum Facinora Scurrilia Septem Fabellis[68] é uma versão latina, por Ervin Steindl, do famoso livrinho de Wilhelm Busch; *Maximi et Mauitiii Malefacta*[69] é outra, devida a Ugo Enrico Paoli. Conheci também uma terceira, do próprio Alexandre Lénárd, que provavelmente deixou de publicá-la após haver tomado conhecimento dos trabalhos impressos de seus dois predecessores. Também o célebre *Pinocchio*[70] de Collodi inspirou uma nova tradução, a do já lembrado Ugo Enrico Paoli, apesar de continuarem as reedições de uma versão anterior de Enrico Maffacini.[71] No prefácio desta última, o professor Giovanni Battista Pighi, da Universidade de Bolonha, explicava engenhosamente o sucesso dessa tentativa de galvanização, com

---

[68]Munique, Braun & Schneider, 1951.
[69]Florença, F. Le Monnier, 1959.
[70]*Pinoculus Latinus.* Florença, Le Monnier, 1962.
[71]*Pinoculus.* Florença, Marzocco, 1956.

palavras que antecipavam o surpreendente surto de interesse registrado depois:

> É fácil imaginar que Pinóquio fique mais perto do que Numa e Aníbal do coração dos nossos meninos, aos quais, com a sua fala nova, com o seu latim simples e puro, e com a orientação discreta e sábia do mestre, ensinará muito mais do que eles acham. Pois eles hão de achar, em determinado momento, que mais ou menos "estudaram o latim", e hão de perceber, afinal, que — coisa que não acontece há muito — "aprenderam o latim".

Entre os novos livros latinos destinados a crianças encontro ainda um *Ferdinandus Taurus*, traduzido por Elizabeth Chamberlayne Hadas,[72] em que não custa reconhecer o ilustre touro Ferdinando, de Munro Leaf; e um *Petrus Ericius*,[73] nada mais, nada menos que o lendário *Struwwelpeter*, de Heinrich Hoffmann, vertido, este também, pelo professor Paoli. A leitura desse gostoso livrinho, todo escrito em hexâmetros (sim senhor, em hexâmetros!), ensina-nos, e a nossos filhos, entre outras coisas importantes, "*mos turpis sugendi pollicis qua poena luatur*", isto é, qual é o castigo do feio hábito de chupar o polegar. O mesmo erudito é responsável, ainda, por um livrinho em parte original, intitulado *Versus Diabolici*,[74] divertida coletânea de adivinhações, enigmas, trocadilhos e definições humorísticas.

---

[72]Nova York, David McKay Company, Inc., 1962.
[73]Henricus Hoffmann. *Petrus Ericius (Struwwelpeter)*. Berna, Francke, 1960.
[74]Hugo Henricus Paoli. *Versus Diabolici aliique lusus*.

Deve haver outros volumes desses que não me chegaram às mãos. Mas a dúzia alinhada na minha estante basta para dar o que pensar. Por mim, não sei o que há de mais comovedor nesse espetáculo: se os mestres comedidos e circunspectos a descerem do alto da cátedra para se misturarem às crianças, ou os meninos que, contrariando o esforço de tantos adultos desejosos de exterminar o latim, teimam em gostar desse fantasma recalcitrante.

18. ANDANÇAS E EXPERIÊNCIAS DE UM TRADUTOR TÉCNICO

JÁ FUI TRADUTOR TÉCNICO. O ano em que, na Hungria, tirei o diploma de professor, coincidia com a fase mais aguda de um período de desemprego. Havia, para qualquer vaga, dezenas de candidatos. Cansado de procurar pistolões, resolvi tentar uma utilização imediata e prática dos meus conhecimentos, e fui oferecer meus serviços a um escritório de traduções comerciais e técnicas.

Anteriormente já traduzira poesias, contos e até uns romances, e esses trabalhos me faziam viver na ilusão errada de que havia um idioma francês, um italiano, um latino e assim por diante. A nova tarefa convenceu-me de que havia no mínimo cinquenta línguas francesas, 49 das quais nada tinham que ver com Racine, nem com Victor Hugo, nem com Anatole France. O mesmo acontecia em relação à minha própria língua materna.

O meu primeiro serviço foi a versão de um extrato cadastral do húngaro para o francês. Era a primeira vez que me defrontava com semelhante documento. As palavras pareciam húngaras, mas não davam sentido; até as mais comuns eram usadas de maneira totalmente arbitrária. Não havia frases, e as noções habituais de análise não se aplicavam àquele conglomerado de vocábulos. Voltei ao escritório de traduções para perguntar se não me deram, por acaso, uma cópia errada. O diretor, um provecto intérprete de croata, tranquilizou-me: aquilo era assim mesmo, e a maioria dos serviços de seu escritório era daquele jaez. Perderia o tempo buscando sentido naquilo que não o tinha. Um erro, pior, uma superstição supor que para traduzir um texto era indispensável entendê-lo. E mais: tornar inteligível em outra língua um texto ininteligível no original constituía infidelidade condenável e contrária às normas da boa praxe. Grande lição essa, que muito me aproveitou em seguida e de que nunca hei de me esquecer.

Voltei para casa e pus mãos à obra. Passei um dia inteiro num virar e revirar de dicionários, dando tratos à bola, riscando e refazendo continuamente o já feito. Por fim, levei a tradução cheio de apreensões, insatisfeitíssimo do meu trabalho. O diretor do escritório achou-o ótimo e, para me demonstrar a sua satisfação, deu-me logo outro extrato cadastral para traduzir e uma importância equivalente a 5 cruzados, preço do primeiro trabalho. Não quis aceitar o serviço. Que me adiantaria uma renda mensal de 100 cruzados? Mas o diretor esclareceu-me que o serviço se tornaria cada vez mais fácil, e teve razão. O segundo extrato era tão pouco inteligível quanto o primeiro, mas acabei por descobrir nele, em vez de relações lógicas da linguagem normal, conexões misteriosas com o primeiro. Por fim, traduzia os extratos mecanicamente, chegando a fazer de 20 a 25 folhas por dia.

Nesse ínterim, porém, acabou o processo dos "optantes" húngaros expropriados contra o Estado romeno, processo instruído com todos aqueles extratos, e tive de me iniciar em outra espécie de traduções. Eram pedidos de registro de patentes. Aí a rotina não ajudava. Se o primeiro inventor quis tirar patente de um cata-vento elétrico de modelo novo, o segundo entendeu garantir os seus direitos de explorar um par de suspensórios automáticos. Houve mesmo um, cuja lembrança até hoje me arrepia, que pedia o registro de um ataúde higiênico, conservando a integridade do respectivo cadáver durante prazo superior ao que se observa em qualquer produto congênere.

Foi quando verifiquei a insuficiência absoluta de todos os dicionários bilíngues. Cada profissão tinha o seu jargão, extremamente rico, e não havia dicionário no mundo que registrasse em duas línguas o nome de todas as partes integrantes de um par de suspensórios, mesmo não automáticos. Levei dias a procurar uma descrição exata, em francês, dessa humilde peça de vestuário. Toda a literatura francesa, inclusive os naturalistas, era omissa a respeito do assunto. Encontrei-o, no entanto, explicado luminosa e pormenorizadamente num catálogo ilustrado da Manufacture d'Armes et de Cycles de Saint-Etienne. Daí em diante, comecei a colecionar catálogos, folhetos de propaganda, anúncios. Fato curioso, eles me prestaram bons serviços depois, não somente na versão de textos técnicos e comerciais, mas também na de obras exclusivamente literárias.

Anteriormente, a minha ambição tinha sido aprender o maior número possível de palavras de uma língua, todas talvez. Mas compreendi que era uma ambição vã. Não adiantava entulhar a memória com um material que não acabava mais; importava, sim, saber onde procurar a terminologia de cada assunto.

Assim, quando me trouxeram um tratado de geologia para verter, nem abri mais o dicionário; fui a um manual de geologia, que me familiarizou logo com o vocabulário competente. Acontecia, porém, às vezes, que não conseguia obras especializadas. Nem sei como teria vertido uma monografia sobre prótese dentária, se não me tivesse lembrado de recorrer a uma obra de engenharia, o *Manual do construtor de pontes*.

Aos poucos tornei-me conhecido no ramo, e os fregueses vieram procurar-me diretamente. Foi assim que conheci alguns espécimes horríveis da maçante raça dos especialistas. Esses concebiam o mundo inteiro unicamente em função da sua especialidade e queriam que tudo lhes obedecesse, inclusive as línguas. Um deles, muito entendido em técnica da iluminação (e bem pouco iluminado quanto ao resto), forjara uma palavra quilométrica em húngaro para dizer "do ponto de vista da técnica da iluminação" e fazia absoluta questão de que eu a traduzisse em francês por uma palavra só, recusando uma após outra as soluções imperfeitas que lhe apresentava.

Cada ramo, em geral, tinha o seu jargão hierático, que era preciso aprender a fundo para não cair no desagrado dos clientes. Assim, por exemplo, na tradução das cartas que me encomendava a Federação de Pugilismo Amador, eu me servia de início de uma linguagem enérgica e brutal, que me parecia convir ao caráter da entidade. Erro grave. O que se impunha era uma linguagem elevada, cheia de circunlóquios, em que jamais ocorressem termos grosseiros, como "dinheiro" ou "pagamento"; só se falava em indenizações de deslocamento e, quando muito, em despesas de viagem.

Assim aumentava a minha experiência, e a profissão, conquanto nunca chegasse a lucrativa, já dava para viver. Não que não aparecessem, de vez em quando, ossos duros de roer, como aquele orçamento para o edifício do novo ginásio de uma ordem religiosa, que se devia verter para o latim a fim de submetê-lo à aprovação da autoridade superior em Roma. Lembro-me da dificuldade que tive para traduzir "elevador": adotar simplesmente *elevator* seria imperdoável falta de elegância, contrária ao espírito ciceroniano. O termo que finalmente adotei (e que não posso revelar aqui, em respeito ao segredo profissional) era uma linda palavra grega, pois se nós muitas vezes recorremos ao latim para batizar as novidades técnicas, é claro que os romanos só podiam recorrer ao grego.

Tornou-se um princípio meu nunca recusar nenhum trabalho porque fosse difícil: se outro podia executá-lo, eu também havia de dar um jeito. Confesso, no entanto, que recuei uma única vez, quando convidado a servir de intérprete, *in loco*, entre os membros do júri de um concurso de beleza canina. Pretextei no último instante uma enxaqueca e deixei o júri entender-se diretamente com a bicharada.

Cada ofício, mesmo o pior, tem as suas compensações. As do meu eram os discursos ministeriais. Naquela época havia frequentes crises políticas na Hungria. Raramente um gabinete durava mais de três ou quatro meses. O chefe de cada novo governo pronunciava um alentado programa, que eu, depois, devia traduzir em francês para uma agência telegráfica. Dentro em breve descobri que nos discursos sucessivos só mudava a primeira página, ao passo que as trinta seguintes se repetiam quase literalmente. Compreende-se: eram as promessas que o governo anterior, por ser de vida tão breve, nunca tivera tempo de executar, e que portanto voltavam fielmente em cada novo discurso. Nesse gênero de traduções realizei verdadeiros recordes de velocidade que me valiam a admiração de toda a agência. Tive o cuidado de não fornecer nunca a explicação do fenômeno. A tradução já se pagava mal; imaginem agora se eu ficasse reduzido a honorários de copista.

19. A MÁQUINA DE TRADUZIR

SERÁ QUE, DEPOIS DE TANTAS outras profissões, a modesta casta dos tradutores se veria também na obrigação de enfrentar a terrível concorrência da Máquina? Ao que parece, a mecanização chegou a atingir o cantinho onde esses humildes faquires da inteligência se entregavam tranquilos a inocentes exercícios de malabarismo verbal.

Sim, senhores: a máquina de traduzir está saindo da lista das invenções humorísticas para se transformar em realidade; seu aperfeiçoamento constituiria uma das preocupações permanentes da cibernética, ciência de nome ainda não dicionarizado entre nós, mas já empenhada na criação do cérebro eletrônico.

Enquanto as experiências prosseguem em segredo, o noticiário dos jornais continua escasso e incompleto. Há mais ou menos três anos fiquei alertado por um tópico do venerável *Jornal do Commercio* (que decerto seria o último a inventar semelhante balela) sobre uma demonstração feita em Nova York com a máquina de traduzir. Os jornalistas reunidos teriam verificado com espanto que verteu com assombrosa rapidez sessenta frases russas num inglês correto.

Essa e outras notícias semelhantes devem também ter surgido na imprensa europeia, pois já é pela terceira vez que encontro comentários a respeito disso em periódicos franceses; há tempos, da pena de Francis de Miomandre, nas *Nouvelles Littéraires*, e, em 1955, em dois artigos da excelente revista *Vie et Langage*, um dos quais devido ao reputado linguista Aurélien Sauvageot. Não se atira contra fantasma com canhão tão poderoso.

Realmente não é difícil multiplicar os exemplos nesse sentido. Imaginemos que estamos diante da infernal máquina, semelhante a uma vulgar máquina de escrever, manipulada por uma datilógrafa que ignora totalmente o francês. Ditar-lhe-emos: "Levante a cabeça", e no papel sairá logo: *Levez la tête*; ou ainda: "Quero um copo de água", e leremos: *Je veux un verre d'eau*.

As dificuldades haveriam de surgir, porém, noutras frases simples, logo que a sintaxe ou o vocabulário das duas línguas não oferecessem concordância perfeita. Ao receber o impacto de uma frase como "Não fale alto", quererá o mecanismo lembrar-se de que em francês a negação se bifurca e saberá colocar o verbo entre as duas partes: *Ne parlez pas haut?*

Ou imaginemos o nosso robô obrigado a verter do francês para o português *Fermez la fenêtre*. Visto a ordem francesa poder dirigir-se igualmente a uma ou a várias pessoas, como escolherá ele entre singular e plural, coisa que mesmo um tradutor de carne e osso só resolveria na base do contexto?

Concedamo-nos ainda a alegria de o ver às voltas com o nosso tão frequente vocábulo "ponto". Vertê-lo-á por *point, souffleur (de théâtre), liste de présence, question (posée à un examen)*? Pois no caso tratava-se de "ponto facultativo". Bem feito!

Isto sem falar em expressões idiomáticas. O francês *coup*, sabemos, quer dizer "golpe". Mas *coup de main, coup de poing, coup de pied, coup de tête* têm outras tantas traduções diferentes. Fatalmente a máquina, seguindo o exemplo de tantos maus tradutores, cairá nas inúmeras armadilhas semeadas ao longo do texto mais corriqueiro e falará em "doença cardíaca" onde o francês pensa simplesmente em cólica (*mal au coeur*).

Pois é. Mas lembremo-nos de que não é preciso ser filólogo para perceber a existência de escolhos tão óbvios, e seria uma ingenuidade pensarmos que os engenheiros eletrônicos da IBM (International Business Machines), peritos em máquinas de calcular das mais complicadas e entendidos em engenhosos sistemas de classificação por meio de cartões perfurados, os ignoram. De fato, como leio em longo artigo do *Aufbau*, revista judaica de língua alemã publicada em Nova York, sempre bem informada — numa demonstração feita no Instituto de Linguística da Universidade de Georgetown, a 701 (número que por enquanto serve de nome à máquina) teria provado ser capaz de superar vários dos problemas acima indicados. É que nele o sistema de correspondência vocabular é completado e emendado pela oportuna entrada em funcionamento de algumas regras linguísticas fundamentais. Cada palavra susceptível de mudar de sentido conforme o contexto, o complemento ou o lugar na frase, desencadearia a entrada em ação de tais regras. Essas, por enquanto em número reduzido, comandam, quando o sentido assim o exige, a inversão da ordem, a supressão dos vocábulos supérfluos, a inserção de outros, necessários, e, no caso de palavras de vários sentidos, a escolha do sentido condizente com o trecho.

O objetivo principal da pesquisa consistiria atualmente em sistematizar o maior número possível de tais regras gerais, que envolvem as divergências estruturais dos idiomas; feito isso, a IBM promete traduções rápidas e perfeitas sobre os assuntos mais variados.

Há esperanças de que, mesmo assim, escaparão à 701, para sempre, as oscilações mais finas, os requintes mais apurados da expressão poética. Portanto, as traduções realmente literárias continuariam a ser entregues a tradutores humanos. Nisso não haveria, aliás, nenhum problema econômico, pois, não tendo preço o esforço por eles despendido, nunca ninguém se lembrou de remunerá-los condignamente.

Já no que diz respeito a textos de caráter técnico ou simplesmente neutros, não tenho a menor dúvida: daqui a alguns anos poderão ser vertidos eletronicamente com rapidez jamais alcançada pelos cérebros de massa cinzenta. É de prever que, para tornarem os seus textos mais mototraduzíveis, os autores se empenhem em extirpar deles qualquer substantivo raro, adjetivo arcaico ou regência obsoleta. A salutar simplificação da linguagem há de trazer clarificação não menos saudável das ideias, cujo número será progressivamente reduzido a um mínimo necessário. Nesse ínterim, a 701 terá sido desenvolvida indefinidamente e sua capacidade de verter haverá ultrapassado de muito a imaginável variedade de textos pensáveis. Se um dia parar, a culpa não será dela: é que não haverá mais nada que mereça uma tradução.

20. UM PIONEIRO DA TRADUÇÃO MECÂNICA NO BRASIL

No TEMÁRIO DO I Simpósio Brasileiro sobre Computadores Eletrônicos, realizado no começo de abril de 1960 no Rio de Janeiro, apareceu um tema que interessa de perto aos estudiosos da linguagem. Pois o título misterioso de "Codificação de palavras e ideias para fins de tradução mecânico-eletrônica de várias línguas" encobre nada mais, nada menos que o problema da famosa máquina de traduzir, de que falamos há pouco.

O conferencista, professor Rudolf Bölting, filólogo e polígrafo alemão, residente no Brasil há um quarto de século, notabilizou-se entre nós por atividade intensa e variada, que vai de um dicionário grego-português a um tratado sobre o jogo de posição no xadrez, de um método universal de alemão a um ensaio sobre os aruaques intitulado *Nosso Índio — Nosso Mestre?*. Parte dessa atuação predispunha-o fatalmente a interessar-se pela questão da tradução mecânica. Refiro-me a dois estudos de linguística comparada: um sobre o latim confrontado com o português, outro relativo a várias línguas vivas cotejadas entre si, assim como à divulgação da Interlingue, um dos mais recentes idiomas artificiais de comunicação internacional (no qual, aliás, ele chegou a compor uma comédia, a primeira do gênero).

A sua palestra surge no momento em que a questão da tradução mecânica está saindo do domínio da *science fiction* para entrar no campo da realidade.

Há poucos anos, a ideia de uma máquina de traduzir fazia ainda sorrir os entendidos. Não era a tradução uma atividade por excelência individual, desempenhada na base de estudos e experiências pessoais, uma verdadeira arte? Se pensarmos, por exemplo, na versão de *Romeu e Julieta* por Onestaldo de Pennafort, responderemos, evidentemente, pela afirmativa. Mas ninguém pretende pedir a uns robôs a versão poética de Shakespeare. Mesmo tradutores que estão longe de alcançar a perfeição pennafortiana, jornalistas, escritores e professores modestos que dedicam algumas horas por dia à versão de obras literárias podem ficar descansados: por enquanto ninguém cogita de tirar-lhes esse bico tão parcamente remunerado.

A máquina de traduzir visa apenas à tradução técnica, cuja importância sobreleva-se cada vez mais à da tradução artística. Observe-se que o bom tradutor técnico é ainda mais raro que o bom tradutor literário. Quando é bom filólogo, pouco entende de ciência; se é bom cientista, ignora os recursos e os expedientes da filologia. De mais a mais, o especialista de física, biologia ou química, quando realmente capaz, preferirá de muito o trabalho de laboratório ao de tradução.

Até há pouco, a solução para o cientista consistia em aprender bem ou mal os dois ou três idiomas estrangeiros que serviam de veículo para publicações científicas de certa importância. Com um tiquinho de inglês, um bocado de francês e um pouco de alemão, podia ficar a par do que acontecia de importante no seu setor. Sobreveio, porém, o poderoso desenvolvimento da ciência soviética. Em certos domínios de importância estratégica, os russos não fazem questão de divulgar os seus resultados, mas, mesmo que o quisessem, não dispõem de número suficiente de tradutores. Nos países ocidentais, os conhecedores de russo capazes de traduzir uma obra científica contam-se pelos dedos. Enquanto isso, o japonês e o chinês tornaram-se também expressão de civilizações dinâmicas, momentaneamente indevassáveis para todo o Oeste. Afinal, hão de se considerar as novas nações independentes da Ásia e da África, com grandes contingentes étnicos em via de ascensão social, necessitados com urgência da transplantação, para os seus idiomas mal codificados, de todo um arsenal de conhecimentos indispensáveis no estágio atual da civilização.

Foi essa repentina transformação do panorama cultural que levou os cientistas dos Estados Unidos e da União Soviética a dedicarem especial atenção ao problema da tradução mecânica.

O montante elevado das importâncias investidas na pesquisa e o grande número das equipes nela empenhadas demonstram que a possibilidade da tradução mecânica de textos científicos está admitida como fato pacífico.

Observe-se bem: não se assume que um computador, por mais perfeito que seja, substitua o homem na função de pensar.

Tais máquinas fornecem um meio de capitalizar o conhecimento possuído pelos gramáticos e pelos entendidos na terminologia de assuntos especiais, na esperança de recuperar esse investimento, no sentido de, uma vez os seus conhecimentos codificados e armazenados num mecanismo desses, se obterem traduções futuras sem o seu auxílio.

Se o sentido de cada frase fosse matematicamente igual ao das palavras que a compõem e se, por outro lado, a cada verbete de léxico correspondesse um único sentido bem-definido, a tarefa seria relativamente fácil. É verdade que a terminologia das ciências é unívoca: "termodinâmica" ou "transístor" designam noções perfeitamente delimitadas.[75] Ainda assim, para se formular qualquer lei de termodinâmica ou explicar o funcionamento de um transístor, tem de se recorrer ao léxico geral da língua e a sua estrutura sintática, ambos eivados de ilogismos e irregularidades de toda espécie.

Lembrado dos esforços dos pioneiros da língua artificial, o professor Bölting estabelece um sistema de correspondências numéricas para os vocábulos do léxico. Prepara um dicionário em que as palavras não estão acompanhadas de definição, nem de tradução, e sim de um número. Convidado a verter uma frase portuguesa para outra língua, começa por colocar no lugar das palavras os seus equivalentes

---

[75]Depois de ter traduzido o livro de Jean Maillot sobre tradução científica e técnica, tenho as minhas dúvidas acerca dessa univocidade.

numéricos. Tais números, comunicados ao computador eletrônico por meio de um teclado, acionam num sistema inverso de correspondências as palavras da outra língua, também devidamente numeradas no respectivo dicionário. Assim a tradução do texto original, transmitido ao computador por meio de números, sairá no papel sob forma de palavras da segunda língua.

Essas palavras sucedem-se em colunas verticais. Quando a uma palavra portuguesa correspondem vários vocábulos do segundo idioma, a máquina imprime-os todos lado a lado para depois a pessoa que recebe a tradução escolher a que convém ao texto. Assim a sentença *Não se abre a porta*, depois de passar pela transliteração numérica, daria em francês:

non	ne	pas
si	se	on
ouvre		
le	la	
porte		

aglomerado do qual o arrumador (o "pós-editor") extrairá a sentença: *On n'ouvre pas la porte.*

Propõe-se o professor Bölting, com o auxílio dos electronistas, mecanizar também a primeira fase do trabalho. Aí então o texto original poderia ser transmitido tal qual ao aparelho por meio de máquina de escrever; a conversão em números, assim como a reconversão dos números em palavras da segunda língua, efetuar-se-ia dentro do próprio mecanismo. Programa ambicioso, mas que parecerá modesto quando soubermos que os especialistas já estão sonhando com a possibilidade de combinar a máquina de traduzir com um fonetógrafo.

Esse mecanismo complexo saberia identificar com segurança o sentido de uma frase pronunciada (mesmo que ela contivesse palavras homófonas), traduzi-la e pronunciá-la noutra língua, sincronizando essa operação com o discurso registrado pelo fonetógrafo. (Intérpretes, preveni-vos: a realização desse sonho será vossa morte!)

O que o professor Bölting considera como a maior novidade de seu sistema é a tradução simultânea em várias línguas. Como em duas experiências realizadas com o computador da Pontifícia Universidade Católica, eu mesmo pude verificar com estes olhos que a terra há de comer a máquina, juntamente à coluna de palavras francesas, fornecia outra, inglesa, e uma terceira, alemã.

Além da pós-editoração (*post-editing*) em sentença dessas colunas de palavras, o processo requer também uma pré-editoração (*pre-editing*), ou seja, uma arrumação prévia do texto original. Divergem as opiniões no tocante à maneira por que essa pré-editoração deverá ser feita. Segundo declaração do nosso conferencista, "tem de se dar ao computador-tradutor um texto que esteja em harmonia com o código linguístico-numérico registrado nele". No seu entender, "está na hora de sintetizar todos os idiomas, e isto num confronto rigoroso, simplificando-os pelo corte de todos os sinônimos e homônimos, e uniformizando-os por meio de um denominador comum para todos". Por enquanto está o nosso linguista sintetizando o idioma, alemão. Empenhado em separar "a parte objetiva da língua" da "parte subjetiva", distingue entre o elemento linguístico racional e o sentimental (nome que ela dá às peculiaridades idiomáticas). Chegou assim a condensar num vocabulário de dez mil palavras, já convertido em algarismos, todo o essencial do idioma de Goethe (mas, poderia observar um espírito de porco, o supérfluo restante era precisamente o essencial para esse mesmo Goethe). Ainda assim as dificuldades do programa não são nada desprezíveis. A distinção entre a parte objetiva e subjetiva da linguagem é algo vaga: a supressão de toda a sinonímia e das expressões idiomáticas não se faz sem prejuízo da exatidão. Por outro lado cabe ao pré-editor uma tarefa bastante grande — talvez não muito menor que seria a de um tradutor.

Uma vez admitida a possibilidade de máquinas que traduzem, os linguistas pelo mundo afora estão se esforçando para pôr a sua ciência a serviço da máquina. De um lado, tratam eles de verificar quais as parcelas codificáveis e mecânicas do processo mental da tradução; do outro, de armazenar na "memória" da máquina os resultados obtidos pela pesquisa linguística.

Procuram os estudiosos dessa nova ciência elucidar as conexões do sentido da palavra solta e do contexto, determinando com exatidão os elementos sintáticos que permitem a exata classificação das palavras polivalentes, tais como, por exemplo, "fala", que pode aparecer como verbo numa sentença e como substantivo noutra. Por outro lado trabalham em estabelecer sintaxes comparativas das línguas em jogo, especialmente do inglês e do russo. Julgam que o sentido de "expressão idiomática" varia de acordo com a língua do tradutor: uma locução nossa, claríssima para um tradutor de fala castelhana, constituirá um *idiom* para um russo. Eis por que visam, em primeiro lugar, a registrar pormenorizadamente as correspondências estruturais entre duas línguas, em vez de preparar um original simplificado, facilmente traduzível para qualquer outro idioma. Enquanto o professor Bölting dá a prioridade ao léxico, eles insistem na primazia da morfologia e da sintaxe, por acharem ser "certo, doravante, que a máquina pode reproduzir numa língua corretamente, quer dizer, respeitando gramática e sintaxe, sequências de frase escritas numa outra língua".

Numa fase anterior da pesquisa, cogitou-se de uma língua intermediária, esquemática e regular, pela qual passariam todos os textos a serem traduzidos de qualquer idioma natural para qualquer outro. Sempre alerta, o nosso pesquisador apressou-se em elaborar um desses instrumentos verbais, o *Steniglott*, que teria prestado serviço à causa se a evolução rápida das possibilidades da tradução mecânica não o tivesse superado.

Autoridade internacionalmente reconhecida no assunto (pois foi eleito vice-presidente da comissão designada pelo I Congresso Internacional de Cleveland), verdadeira fonte de ideias e soluções, incansável como todos os idealistas, o que o professor Bölting pede é um pouco de atenção para as suas pesquisas desinteressadas.

Ao incluir neste volume esse artigo velho, de uns quinze anos, queria tornar mais claras as considerações expendidas no capítulo 19, além de dar o meu testemunho pessoal (ainda que algo cético) a respeito do aparecimento no Brasil de pesquisas concernentes à tradução automática.

21. A TRADUÇÃO MAIS DIFÍCIL

Discurso pronunciado no jantar organizado pela Associação Bra-
sileira de Tradutores em 27 de abril de 1981 para comemorar a
outorga do Prêmio Internacional de Tradução C. B. Nathhorst
ao autor.

ESTE JANTAR É para mim motivo de especial regozijo. Saber que uma alegria minha é partilhada por tantos amigos
enche-me de satisfação especial. E desta vez parece-me
justo que meus colegas tradutores se alegrem comigo, pois a
distinção que me coube dirige-se, através da minha pessoa,
ao Brasil e, mais especialmente, à Associação Brasileira de
Tradutores. O júri do Prêmio Nathhorst não quis apenas
distinguir um tradutor escolhido ao acaso: quis demonstrar
o seu apreço à Abrates, única associação geral de tradutores
realmente ativa na América do Sul. Devo, pois, sincera
gratidão à Abrates não só por ter apresentado a minha
candidatura, mas porque seu nome e prestígio influíram
decisivamente na atribuição do Prêmio.

Se procuro as raízes de minhas relações com a tradução,
devo remontar ao longínquo ano de 1923. Foi quando apre-

sentei ao Grêmio Literário de meu colégio, em Budapeste, uma primeira tradução, que era a do soneto "A minha Mãe", de Heine. Mas o que decidiu a minha vocação de tradutor foi o deslumbramento que me causou pouco tempo depois, ainda no colégio, o encontro com a poesia latina, especialmente com as *Odes* de Horácio. Desde aquele tempo, cada vez que uma obra literária me comove a fundo, a minha reação instintiva é verificar se já está traduzida, para, em caso contrário, eu mesmo transplantá-la para a minha língua materna, ou para outras em que acabei por sentir, pensar e me exprimir.

Não se assustem: não vou desenrolar aqui a história de minhas traduções, nem sequer relatar-lhes os títulos. Um jantar de amigos não é oportunidade para uma dissertação. Em vez disso, peço a sua atenção para evocar aqui um único episódio de meu passado de tradutor e que diz respeito à tradução mais difícil que me ocorreu executar. É um caso que nunca relatei por escrito, e talvez nem o tenha contado a miúdo, inibido por tudo que ele tem de pessoal e de íntimo. Se me abalanço a contá-lo hoje, faço-o porque, neste ambiente de amizade, sinto-me como que em família e experimento a necessidade de um desabafo.

Ao chegar ao Brasil, lá vão quarenta anos e bico, precisei apresentar ao Registro de Estrangeiros meus documentos de identidade em tradução portuguesa. Depois de alguma procura, descobri um intérprete autorizado a fazer traduções da minha língua. Era um francês naturalizado, com um escritório minúsculo num sobrado da avenida Marechal

Floriano, quase em frente ao Itamarati. Era uma personagem estranha: faltava-lhe um dos braços (nunca me atrevi a perguntar-lhe onde o havia perdido) e causava-me espécie pela velocidade com que batia suas traduções com uma só mão. O que mais surpreendeu ainda foi o fato de ser ele tradutor juramentado de uma dúzia de línguas, o que naturalmente me incutiu o maior respeito.

Com o tempo, fui precisando de mais traduções e assim acabamos por travar relações. Aprendi a procurá-lo, quando não estivesse no escritório, onde reinava um calor terrível, no barzinho do andar térreo: lá ele tentava refrescar-se com número regular de chopes gelados entre uma e outra tradução. Já mantínhamos conversas breves quando um dia lhe ocorreu interrogar-me sobre minhas ocupações. Disse-lhe que era professor e, talvez para captar-lhe a simpatia, contei que na Europa me tinha ocupado de tradução também.

Minhas confidências provocaram as dele. Contou-me que viera do Sul com os revolucionários de 1930 e que, graças a suas relações com figurões do governo de Getúlio, conseguira uma nomeação para tradutor juramentado, o que lhe assegurava o modesto ganha-pão.

Aí não refreei mais minha curiosidade e perguntei-lhe onde lograra aprender tantos idiomas.

Alguns aprendera no decorrer das vicissitudes de sua vida, que deviam ser muitas e que preferia não detalhar ("tenho rolado muito por aí"); outros aprendia com a prática diária; outros havia, afinal, que nunca tinha aprendido e provavelmente não aprenderia nunca.

— Por exemplo? — perguntei.

Por exemplo, o húngaro. Também o volume de traduções daquela língua era insignificante e não pagava o tempo investido. E sem mais delongas perguntou-me se não o queria ajudar, mediante remuneração condigna, a verter de ou para o húngaro os documentos que lhe confiassem com esse fim.

Estava ainda lutando com dificuldades: aquele trabalho caía-me do céu. Aceitei-o e durante algum tempo verti com a possível fidelidade e rapidez os documentos que estavam nesse caso. Ele pagava-me corretamente e, quando se tratasse de documentos meus (que logicamente eram também traduzidos por mim), não aceitava pagamento.

Em abril de 1943, ele foi precisar de mim em circunstâncias algo especiais. Já estávamos em guerra, o Brasil e a Hungria eram inimigos, e não existia nenhuma comunicação direta entre o Rio de Janeiro e Budapeste, onde tinha deixado a maioria dos meus. Mas tinha um irmão e uma irmã na Turquia, e por eles pude receber, de vez em quando, informações sobre a família.

Pois em abril de 1943 vieram dois envelopes sobrescritados por eles. No primeiro vinha um bilhete redigido em francês anunciando-me a morte de meu Pai. A notícia consternou-me de modo terrível: Papai era meu melhor amigo, não o sabia doente, e, sozinho em minha nova pátria, sua falta doeu-me duplamente. Durante meses, talvez anos, a partir daquele dia, acordaria todas as manhãs com a ideia de sua morte.

No outro envelope vinha apenas um comunicado oficial: a carta que viera no envelope fora retirada pela Censura por escrita em linguagem não autorizada. Por esse motivo, devia comparecer na sede da Censura em hora e dia marcados.

Adivinhei o que tinha acontecido: meus irmãos, que sabiam mal o francês, no breve bilhete limitaram-se a dar-me a notícia do falecimento; na outra carta, evidentemente escrita em húngaro, relatavam-me os pormenores.

De volta do correio para casa, encontrei um recado do meu "patrão" francês. Devia procurá-lo imediatamente. Lá fui sem demora e ele contou-me que acabara de receber da Censura uma carta húngara para traduzi-la com urgência. E entregou-me o papel para que o vertesse sem demora, ali mesmo, utilizando-me da máquina dele.

Era a carta que eu esperava: a relação da doença de meu Pai, da sua hospitalização e de sua morte inesperada, na ausência dos familiares.

O bom francês percebeu que eu executava a tradução com lágrimas nos olhos e perguntou-me o motivo da minha aflição. Consolou-me como pôde: não sendo homem de muitas palavras, convidou-me a tomar um chope com ele. Quando lhe contei que acabara de ser convocado pela Censura, pediu-me muito que não o traísse e não revelasse que ele me dera conhecimento da carta.

No dia seguinte compareci à Censura na hora marcada. Um censor exibiu-me a carta, perguntou-me se conhecia a letra, intimou-me a traduzi-la em português, avisando-me que não devia esconder nenhuma informação, pois ele estava com outra tradução na mão.

Comecei a traduzir a carta aos arrancos, parando de vez em quando: fingia procurar uma palavra aqui, outra ali, tentando não reproduzir exatamente os termos da minha própria tradução; e, como quem só naquele momento tomasse conhecimento daquela notícia acabrunhadora, forcei-me a dar sinais exteriores da dor que me dominava. Tudo aquilo me parecia necessário para não entregar o meu colega. Afinal, o penoso exercício acabou e eu recebi, com os pêsames do censor, a carta de meus irmãos, que naquele momento já sabia de cor e cujo teor nunca mais havia de esquecer.

Foi sem dúvida essa a tradução mais difícil que já executei em minha vida. Como se o destino estivesse a par de minhas ligações com o ofício, escolheu essa maneira de me testar. Foi, na expressão de Thomas Hardy, uma das pequenas ironias da vida. Neste momento em que involuntariamente estou tirando o balanço da existência, essa lembrança antiga veio ocupar o primeiro plano de minha memória.

De nada disso, evidentemente, devemos culpar a tradução. Pois não lhe devo satisfações e alegrias, como a que estou experimentando neste momento? Não lhe devo, a rigor, a própria vida? Pois se não tivesse publicado uma antologia da poesia brasileira em húngaro, o convite do Itamarati não me teria tirado, em 1940, do campo de concentração, onde, ainda assim, cheguei a passar seis meses. E devo-lhe os amigos reunidos em redor desta mesa para me trazerem a sua preciosa solidariedade.

A todos em conjunto e a cada um individualmente o meu sincero "muito obrigado".

APÊNDICE

JOSÉ, O POLIGLOTA

O POEMA "JOSÉ", escrito por Carlos Drummond de Andrade há 36 anos, é hoje, sem dúvida alguma, uma das poesias mais vivas do Brasil. Condensação lacônica do desalento do indivíduo chegado ao impasse, nas três palavras de seu refrão — "E agora, José?" — encerra uma fórmula lapidar para a pessoa mergulhada em perplexidade exprimir o seu desalento.

Recitado, citado e comentado, atrai naturalmente os tradutores, aos quais parece não oferecer dificuldade maior. Na singeleza de seu vocabulário e de sua sintaxe é um texto despojado e transparente. Dir-se-ia que se pode vertê-lo palavra por palavra sem que perca uma parcela sequer do impacto que o original exerce sobre o leitor de língua portuguesa. Uma única palavra — Minas — perde para o leitor estrangeiro parte da sua conotação local, mas, transformada em sinônimo de terra natal, volta a tornar-se rica de sugestões.

Ao tentar uma comparação das três excelentes versões que tenho em mãos, a francesa, a alemã e a inglesa, entre elas e com o original, fui inicialmente desviado do trabalho de cotejo pela tentação irresistível de executar uma quarta, em minha língua materna, o húngaro. Só depois de terminada esta — que pouparei ao leitor — voltei às três primeiras, já mais apto a compreender os obstáculos que os respectivos idiomas opõem a uma transplantação literal.

Eis, pois, a seguir, as três versões, todas fiéis, e no entanto diferentes, com o original ao lado:

E agora, José?
A festa acabou,
a luz apagou,
o povo sumiu,
a noite esfriou,
e agora, José?
e agora, você?
Você que é sem nome,
que zomba dos outros,
você que faz versos,
que ama, protesta?
e agora, José?

Está sem mulher,
está sem carinho,
está sem discurso,
já não pode beber,
já não pode fumar,
cuspir já não pode,
a noite esfriou,
o dia não veio,
o bonde não veio,
o riso não veio,
não veio a utopia
e tudo acabou
e tudo fugiu
e tudo mofou,
e agora, José?

E agora, José?
Sua doce palavra,
seu instante de febre,
sua gula e jejum,

Et maintenant, José?
Finie la fête,
éteinte la lumière,
disparu le peuple,
plus fraîche la nuit,
et maintenant, José?
et maintenant, toi?
Toi qui es sans nom,
qui te moques des autres,
toi qui fais des vers,
qui aimes, protestes?
et maintenant, José?

Sans femme,
sans mots,
sans affection,
à présent impossible de boire,
à présent impossible de fumer,
et de cracher aussi,
la nuit a fraîchi,
le jour n'est pas venu,
le tram n'est pas venu,
le rire n'est pas venu,
pas plus que l'utopie
et tout est fini
et tout a fui
et tout a moisi,
et maintenant, José?

Et maintenant, José?
Ta douce parole,
ta goinfrerie et ton jeûne,
ta minute de fièvre,

Und nun, José?
Das Fest ist aus,
das Licht erlosch,
das Volk ist fort,
die Nacht ist kalt,
und nun, José?
Und nun, mein Freund?
Du Namenloser,
der andere verlacht,
der Verse macht,
der liebt, protestiert?
Und nun, José?

Du bist ohne Frau,
du bist ohne Waerme
und ohne Gespraech,
du kannst nicht mehr trinken,
du kannst nicht mehr rauchen,
auch nicht mehr spucken,
die Nacht wurde kalt,
der Tag blieb aus,
die Tram blieb aus,
das Lachen blieb aus,
das Wunschland auch,
und alles ist aus
und alles geflohen
und alles verschimmelt,
und nun, José?

Und nun, José?
Dein süsses Wort,
Deine Gier und dein Fasten,
Deine fiebrige Stunde,

And now, José?
The party done,
the light gone out,
the guests gone home,
the night grown cold,
and now, José?
and now, you over there?
you the nameless,
mocking the rest,
composing verses,
loving, protesting?
and now, José?

You have no woman,
you have no speeches,
you have no loving,
you cannot drink,
you cannot smoke,
spit you cannot,
the night grown cold,
the day not come,
the streetcar not come,
the laughter not come,
nor has utopia come
and all is done
and all is gone
and all is mold,
and now, José?

And now, José?
Your dulcet words,
your moment of fever,
your greed and fasting,

sua biblioteca,
sua lavra de ouro,
seu terno de vidro,
sua incoerência,
seu ódio — e agora?

Com a chave na mão
quer abrir a porta,
não existe porta;
quer morrer no mar,
mas o mar secou;
quer ir para Minas,
Minas não há mais.
José, e agora?

Se você gritasse,
se você gemesse,
se você tocasse
a valsa vienense,
se você dormisse,
se você cansasse,
se você morresse...
Mas você não morre,
você é duro, José!

Sozinho no escuro
qual bicho do mato,
sem teogonia,
sem parede nua
para encostar,
sem cavalo preto
que fuja a galope,
você marcha, José!
José, para onde?

ta bibliothèque,
ta mine d'or,
ton costume de verre,
ton incohérence,
ta haine — et maintenant?

La clef à la main
on veut ouvrir la porte,
la porte n'existe pas;
on veut mourir en mer,
mais la mer a séché;
on veut aller à Minas,
il n'y a plus de Minas,
José, et maintenant?

Si tu criais,
si tu gémissais,
si tu jouais
la valse de Vienne,
si tu dormais,
si tu te lassais,
si tu mourais...
Mais tu ne meurs pas,
tu es solide, José!

Tout seul dans le noir
comme une bête sauvage,
sans théogonie,
sans mur nu
pour t'appuyer,
sans cheval noir
qui fuie au galop,
tu avances, José!
José, vers où?

deine Bibliothek,
dein Schürfen nach Gold,
dein Anzug aus Glas,
dein Wiederspruchsgeist,
dein Hass — und nun?

Den Schlüssel gezückt,
willst die Türe oeffnen,
es gibt keine Tür;
willst sterben im Meer,
das Meer ist verdorrt;
willst fort nach Minas,
Minas ist nicht mehr.
José, und nun?

Und wenn du schriest,
und wenn du stoehntest,
und wenn du spieltest
den Wiener Walzer,
und wenn du schliefest
und würdest müde,
und wenn du stürbest...
Du stirbst aber nicht,
du bist hart, José!

Allein im Dunkeln
wie ein Murmeltier,
ohne Goetterlehre,
ohne nackte Wand
um dich anzulehnen,
ohne schwarzes Pferd
deine Gier und dein Fasten
gehst du weiter, José!
José, wohin?

your roomful of books,
your gold-mine lands,
your suit of glass,
your incoherence,
your hate — and now?

The key in your hand,
you would open the door,
there is no door;
you would die in the sea,
the sea is dry
you would go to Minas,
Minas is no more.
José, and now?

If you were to scream,
if you were to sigh,
if you were to play
a Viennese waltz,
if you were to sleep,
if you were to droop,
if you were to die...
But you do not die,
you are hard, José!

Alone in the dark
like a beast in the woods,
without a theogony,
without a bare wall
for leaning upon,
without a black horse
for flight at a gallop,
José, you go on!
Where to, José?

O tradutor francês, Jean-Michel Massa, erudito biógrafo de Machado de Assis, abriu mão do verso deliberadamente; quando o seu ritmo coincide com o do original é obra de meio acaso. Esperar-se-ia, pois, que a tradução dele ficasse mais perto do texto, o que porém não acontece. De modo curioso, eliminou os verbos finitos de dez frases, encontrando meio de substituí-los por particípios (*finie la fête*) quando não por preposições (*sans femme*), o que, no meu entender, transforma a súbita perturbação de José num estado de perplexidade permanente. Lá onde quer ser mais explícito (*à présent impossible de boire*) é que sucede menos bem, por abandonar uma concisão repetitiva e como que martelante. Outra curiosidade da tradução está na versão da quarta estrofe, onde o transplantador substituiu *tu* por *on*, talvez para dar a entender que o drama de José é de qualquer homem. Notemos ainda que na 3ª estrofe trocou o 2º e o 3º versos, o que se dá também na tradução alemã.

O tradutor alemão, Curt Meyer-Clason, que deve a sua fama entre nós a suas magníficas versões de Guimarães Rosa, é dos três o mais conciso, o que talvez se explique pela natureza do seu idioma, que em certos casos abre mão do pronome pessoal (assim como a relativa prolixidade da versão francesa pode provir do fato de o francês precisar de duas palavras para negar). Ele traduz mais do que seus dois colegas. Quero dizer que, fiel a uma tendência geral do estilo alemão, traduz por equivalentes germânicos as palavras internacionais de origem grega e latina (como "utopia", "incoerência", "teogonia", vertidas, respectivamente, por *Wunschland*, *Wiederspruchsgeist* e *Götterlehre*). Parece que ele se deixou iludir, assim como o professor Massa, pela palavra "povo", do verso 4, traduzindo-o por *Volk* (*peuple* na versão francesa). Entretanto o vocábulo surge aqui como brasileirismo no sentido de "as pessoas que nos cercam, a gente, o pessoal". (A tradutora norte-americana sentiu a diferença, motivo por que adotou *the guests.*) O vago "bicho do mato" (*une bête sauvage*, em Massa, *a beast in the woods*) metamorfoseou-se num animal determinado, o Murmeltier ("marmota"), mais conhecido por muito dormir do que por evitar companhias. Notemos ainda que o verso 7 da última estrofe é a repetição do verso 3 da terceira, o que deve provir de erro tipográfico no texto alemão.

Assim, pois, das três traduções, a mais fiel é a de Jean R. Longland, ilustre intérprete de poesia lusitana, brasileira e castelhana. Há na sua versão um tom popular, um jeito de língua falada (*the lights gone out, the day not come*) que muito convém à espontaneidade desse desabafo tão natural ("o povo sumiu"). A única palavra rebuscada me parece o adjetivo *dulcet* (*your dulcet words*). Por que não usou *sweet*, tão óbvio? Ulteriormente a tradutora mudou *dulcet* para *gentle.* Provavelmente porque o verso exigia uma palavra bissílaba. Noutro caso, porém, o problema do número de sílabas foi resolvido brilhantemente ("sua biblioteca" = *your roomful of books.*)

Interessante notar que os três tradutores mantiveram o nome José sob sua forma portuguesa. O poeta escolheu-o, sem dúvida, por ser tão comum, pois nas três versões introduz uma nota de exotismo. Permanece ainda outra nota exótica: a palavra Minas é inamovível. Ao reler a minha versão para o húngaro, notei, aliás, como mais de uma vez me deixara descartar da fidelidade mais estreita e da simplicidade máxima por uma que outra reminiscência poética, associação cogente de locuções, aliteração ou sugestão melódica da própria língua magiar. De onde concluo que a tradução poética é muito mais trabalho de intuição do que de lógica, e, sobretudo, que não existe tradução fácil.

FONTES: 1) Carlos Drummond de Andrade, *José & outros*. Rio de Janeiro, Editora José Olympio, 1967. 2) Carlos Drummond de Andrade, *Réunion/Reunião*, Poèmes choisis, tradução e prefácio de Jean-Michel Massa. Paris, Aubier Montaigne, 1973. 3) *Brasilianische Poesie des 20. Jahrhunderts*. München, Herausgegeben und übertragen von Curt Meyer-Clason, Deutscher Taschenbuch Verlag, 1975. 4) *Chicago Review*, vol. 27, number 2. 5) Minha tradução húngara do poema saiu em *Járom és Csillag* (*Jugo e estrela*). Antologia da poesia latino-americana, de János Benyhe. Budapeste, Kozmosz-Könyvek, 1984.

Índice de assuntos e de nomes citados

ABRATES, 167
actually, 44
adaptação, 120
adjetivo qualificativo, lugar do, 23
ADY, Endre, 89
aglutinação, 94
alemão, 84-85, 163
  da Suíça, 83
ALMEIDA, Guilherme de, 38
AMORIM, Alfredo, 114
ANDRADE, Carlos Drummond de, 5, 11, 104-114, 175ss.
ANDRADE, João Pedro de, 114
Apparat, 89
APULEIO, 134
ARANY, János, 89
arcaico, efeito, 24
ARISTÓFANES, 89
ASSELINEAU, Ch., 116
ASSIS, Machado de, 180

BABEL, Torre de, 33
BABITS, Mihály, 89-90

BACH, Johann Sebastian, 132
BAELEN, M., 38
BALZAC, Honoré de, 63, 64, 109
BANG, Herman, 48
BARROS, Maria Lúcia Pessoa de, 110-111
BAUDELAIRE, Charles, 39, 89, 96, 115-121
best-seller, **64**
BÉTOLAUD, Victor, 92
Bíblia, traduções da, 46, 55
bibliografia, 80
bilíngues, edições, 38, 69
BODMER, Frederick, 36
BÖLTING, Rudolf, 157-164
BORBA, Osório, 106-114
BORNECQUE, H., 38
BRITO, Daniel Brilhante de, 55
BUSCH, Wilhelm, 144

CAILLÉ, Pierre-François, 79
Çakuntalâ, 93
CALDERÓN DE LA BARCA, 124-125

CÂMARA, Joaquim Matoso, 36
CAMÕES, 123-128, 131
CAMPOS, Haroldo de, 38
CAROLINO, Pedro, 86
CARY, Edmond, 71-74
CASA JULLIARD (editora), 143
casamento, 44
Ce n'est pas la mer à boire, 18
cena, 44
CERVANTES, 30
CÉSAR, Júlio, 136
CHAMPFLEURY, 116
chinês, 73, 159
CHODERLOS DE LACLOS, 105-114
cibernética, 153
CÍCERO, 136
cinema, 73-74
Cinquecento, 37
Clássicos Garnier, 99, 108
COINDREAU, Maurice-Edgar, 28
COLLODI, Francesco, 144
Commedia dell'arte, 16
computador, 157-165
contexto, 13
copidesque, 110
coup de main, coup de poing, coup
de pied, coup de tête, 155
crítica das traduções, 35
CSOKONAI, 89

DACIER, Mme, 52
DANTE, 89

DAUDET, Alphonse, 19
DE AMICIS, 36
DES GRANGES, Ch. M., 103
dialetais, textos, 61
dicionários, 37, 43, 85-86, 149
DIDEROT, Denis, 96
Difusão Europeia do Livro
(editora), 99
discursos, 151-152
Domei, agência, 33-34
DOSTOIEVSKI, 27
DU BELLAY, Joachim, 52
dublagem, 73
dürfen, 84
DUTTON, E. P. (editora), 135, 136

EBERLE, Joseph, 143
editores, 69
ekonomítchni, ekonomítcheski, 83
Eleazar, 24
electric, electrical, 82
elevator, 151
epítetos permanentes, 93
esópicas, fábulas, 73
estereotipadas, expressões e
frases, 93
explicações de texto, 29

FABULET, Louis, 28
falso adaptador, 106, 107
falso editor 51
"falsos amigos", 45
"falsos cognatos", 45

Farb, Peter, 34
Ferreira, Aurélio Buarque de
    Holanda, 30, 37, 39, 42,
    119-121
filer à l'anglaise, 18
Flaubert, Gustave, 53, 63
France, Anatole, 147
francês, ensino do, 78
  idioma cartesiano, 67
  língua intermediária, 29
frases feitas, 46
Frequenz, 82

Garcia, Othon Moacyr, 36
Garnier, dicionários, 56
Gautier, Theóphile 116
Gerät, 83
Gide, André, 67
Gilbert, Stuart, 68
Giono, Jean, 29
Globo, editora, 106
Goethe, 27, 66, 163
Gogol, Nikolai, 30
Goyert, Georg, 68
Greguss, Ágost, 123
Greguss, Gyula, 123-128

Hadas, Elizabeth
    Chamberlayne, 145
haicai, 95
Hanssen, Guttorm, 48
Häufigkeit, 82
Haury, Auguste, 143

Hearn, Lafcadio, 28
Heine, 168
Henriot, Emile, 105
Herder, Johann Gottfried, 15
Hinterland, 16
Hiroxima, 34
Hoffmann, Heinrich, 145
holófrase, 16
Homero, 90, 93
homônimos, 83
Horácio, 168
Hugo, Victor, 147
Humboldt, 125-126
humour, 130
húngaro, 55, 170

IBM, 74, 155ss.
Ibsen, 27
idiomatismos, 54, 163-164
imagens petrificadas, 54
  inglês, 83
    da Inglaterra, 46
    dos Estados Unidos, 46
    ensino do, 78
input, 75
Insel-Verlag, 64
instituições nacionais, 85
interidiomática, relação, 59
Interlingue, 158
interpretação, 59
intraduzibilidade, 13, 16, 19
isolation, isolement, 83

Isolation, Isolierung, 83
isomerias, 94
IWAMURA, Hidetaké-, 95

JAKOBSON, Roman, 15
japonês, 132, 159
jargão profissional, 149, 150
JERÔNIMO, São, 25
José Olympio (editora), 106
JOYCE, James, 68, 91

KARINTHY, Frigyes, 39-40, 42-43, 130-131
KEMÉNY, Zsigmond, 124
KIPLING, Rudyard, 28

LANDY, Desidério, 134
LAPORTE, René, 16
LARBAUD, Valery, 19, 38, 68
Larousse (dicionário), 37
latim, 78, 129ss., 141ss., 151
LE HIR, Yves, 108, 109
lead, 83
LEAF, Munro, 145
LECONTE DE LISLE, 53
Leiter, 83
LEMONNIER, Léon, 115, 120
LÉNÁRD, Alexandre, 129-139, 141-142
LEÓN, Fray Luis de, 91-92
LEOPARDI, Giacomo, 90
library, 44
línguas vivas, ensino das, 77, 78

LOGÉ, Marc, 28
LONGLAND, Jean R., 180
LOURENÇO FILHO, 41
LOUSADA, Wilson, 106

MAFFACINI, Enrico, 144
MAILLOT, Jean, 80-87
mal au coeur, 155
MALRAUX, André, 65
MANN, Thomas, 65
Manufacture d'Armes et de Cycles, de Saint-Étienne, 149
máquina de traduzir, 74, 153-165
marchande des quatre saisons, 19
MARMIER, Xavier, 30
MAROUZEAU, J., 38
MASSA, Jean-Michel, 180
MAUGHAM, Somerset, 131
MAUPASSANT, Guy de, 63
MAUROIS, André, 73
MELLO, Gladstone Chaves de, 36
MENCKEN, H. L., 36
MENGELE, 138
MÉRIMÉE, Prosper, 65
Methuen (editora), 134, 136
MEYER-CLASON, Curt, 180
MILLIET, Sérgio, 100-104, 105-114
MILNE, A. A., 129-139
MIOMANDRE, Francis de, 154
mokusatsu, 33-34

MOLNÁR, Ferenc, 138
monsieur, 17
MONTAIGNE, Michel de, 52
MOREL, Auguste, 68
mot à mot, 53
MOUNIN, Georges, 14, 38, 51-56
MOURA, Agenor Soares de, 35, 65
muffler, 83
müssen, 84

Nachdichtung, 61
NASCENTES, Antenor, 36
Netze, Netzen, 83-84
NICHOLS, Lewis, 136
nom de Dieu, 48
notas de pé de página, 103
nue, 44

of, 84
OLIVEIRA, Paulo M., 101
orçamento, 151
output, 75
OVÍDIO, 133

palavras-travesseiro, 95
PAOLI, Hugo Enrico, 144, 145
parônimos, 83
PASCAL, Blaise, 100-104
PEERS, E. Allison, 35
PENNAFORT, Onestaldo de, 38, 158

PÉRIER, Mme, 104
PERRET, Jean-Louis, 28
PÉRSIO, 134
PETRÔNIO, 134
PIERHAL, Armand, 55
PIGHI, Giovanni Battista, 144
PÍNDARO, 69, 92
PIRON, Alexis, 109
PIRRO, 109
PLAUTO, 124
POE, E. A., 96, 115-121
polissemia, 82
polvo, 44
POPE, Alexander, 89
POSNER, Vladimir, 28
post-editing, 162
povo, 180
prácrito, 94
pre-editing, 162
presente narrativo, 22
propreté, 44
PROUST, Marcel, 67
provérbios, 46
pseudoeditor, 108
PTOLOMEU Filadelfo, 24
PUCHKIN, Alessandre, 69
pugilística, linguagem, 150

Qui se fait brebis le loup le mange, 18
química, termos de, 87

RACINE, Jean, 147
RAMUZ, 29

resistance, resistor, 82
revisão, 110
REVON, Michel, 94
RIBEIRO, João, 36
RIEU, E. V., 93
RIVAROL, Antoine, 52
Robert (dicionário), 37
RONSARD, 92
ROSA, João Guimarães, 7, 180
ROUSSEAU, Jean-Jacques, 104
russo, 85

SAGAN, Françoise, 141-142
SAINTE-BEUVE, 116
SAINT-EXUPÉRY, Antoine de, 143
SAINT-SIMON, Duque de, 56
SALAS SUBIRAT, J., 91
sânscrito, 93-94
SANTOS, Agenor Soares, 45
saudade, 16
SAUVAGEOT, Aurélien, 154
SCHOELL, Frank L., 28
SCHOPENHAUER, Arthur, 15
Septuaginta, 25
SHAKESPEARE, 81, 89, 124
shall, 84
shopping, 16
SILVEIRA, Brenno, 38, 41-49
sinonímia, 83
slogans, 74
sollen, 84
sous-titrage, 73-74
STEINDL, Ervin, 144

STEINILBER-OBERLIN, 95
STENDHAL, 63
Steniglott, 164
stock phrases, 46
substantivos compostos, 84
Svensk Bokförlaget (editora),
    134, 142
szépen, 48

TÁCITO, 134
TAINE, Hyppolite, 116
técnica, linguagem, 79, 82, 87
téléimprimeur, téléscripteur, 83
TERÊNCIO, 92
testvér, 55
thème, 38
THÉRIVE, André, 36
títulos de filmes, 56
to take French leave, 18
toilette, 16
TOLDY, Ferenc, 126
TOLSTOI, Lev, 27
TÓTH, Árpád, 89, 92
tradução, apresentação da, 46
    cinematográfica, 73
    ensino da, 35, 36, 80
    ética da, 60
    ideal, 24, 59
    identificadora, 66
    impossibilidade da, 51-52
    indireta, 27ss.
    infiel, 51-56, 68
    intermediária, 28ss.

legislação sobre, 72

literal, 21-22, 46

livre, 23

mecânica, 74, 157-165

mot à mot, 53

necessidade da, 71-72

poética, 61-62, 73

processo mental da, 57

publicitária, 72, 74

radiofônica, 73

remuneração da, 68

simultânea, 74

teatral, 73

técnica, 80ss., 147ss.

traductionite, 54

tradutor, confidências do, 89ss.

documentação do, 86

leituras do, 36

profissão de, 36, 79

virtudes do, 42

traduttori traditori, 15

traduzibilidade, 61

transcrição, 87

transferência, 23

transliteração, 87

tratamento, 93

travessão, 15

tu, 21, 93

turgimões, 74

TURGUENIEV, 30, 125

TWAIN, MARK, 86

TYTLER, Fraser, 22, 38, 46

UNESCO, 80

VADIM, Roger, 105

VAILLAND, Roger, 105

vale, 44

VAS, István, 96

Vecchi, editora, 106

VENDRYES, F., 36

Versalhes, Tratado de, 33

version, 38

VIGNY, Alfred de, 116

VILLE, Frans de, 93-94

VILLON, François, 63, 69, 96

você, 21

VOGÜÉ, Visconde de, 30

völegény, 55

VÖRÖSMARTY, Mihály, 89

vous, 93

vozes do verbo, 85

Vulgata, 25

Webster (dicionário), 37

WEIGHTMAN, J. G., 18, 35

Weltanschauung, 15-16

WIDMER, Walter, 63-69

WILDE, Oscar, 92

WIRL, Julius, 57-62, 63

WÜSTER, Eugen, 81

you, 21

Zingarelli (dicionário), 37

ZOLA, Émile, 63

Este livro foi impresso nas oficinas da
Distribuidora Record de Serviços de Imprensa S.A.
Rua Argentina, 171 – Rio de Janeiro, RJ
para a Editora José Olympio Ltda.
em novembro de 2021

★

90° aniversário desta Casa de livros, fundada em 29.11.1931